제주어 마음사전 2

현택훈 글 * 박들 그림

지훈 형, 나, 미경 누나.

작가의 말

『제주어 마음사전1』이 나온 지 7년 만에 두 번째로 마음사전을 다시 묶는다. 솔직히 많이 망설였다. 큰 인기를 끈 책도 아닌데, 후속편이 나와도 될까, 하는 마음 때문이었다. 1을 읽지 않은 사람이 2를 읽을까. 차라리 마음사전이라는 제목 대신 다른 책 제목으로 해야 맞지 않을까. 그런데 1에 실은 제주어 낱말이 예순 개 남짓이다. 제주어는 아주 많으니까 이왕에 사전 형식을 취했으니 많은 독자가 없더라도 2, 3, 4, 5……. 꾸준히 내 보면 어떨까, 하는 마음이 들기 시작했다.

이 책 덕분에 나는 과분한 대접을 받았다. 제주대학교에서 제주어 사전 관련 전시회를 한 적 있는데, 이 책이 목록에 있었다. 어느 도서관에는 이 책이 문학이 아니라 사전류 코너에 비치되어 있다. 그리고 초등학교에서 제주어 동시 교실 강사로 아이들을 만날 수 있었다. 제주도가 고향이면서 제주어를 잘 모르는 게 부치로와_{부끄러워} 시작한 창작 노트였는데, 여기까지 왔다.

제주어 사전을 펼쳐 낱말을 보다 보면 기억이 떠오른다. 또 아주 생소한 낱말을 만나면 그 낱말이 담긴 의미를 종그는_{좇아가는} 과정이 행복하다. 시인은 언어 탐구자이기에 내 몸,

내 마음 어느 한 부분에 전해 오는 제주의 옛이야기를 할 때야말로 언어가 살아 있다는 것을 새삼 느낀다.

나의 아내 김신숙 시인은 귀신보다 글자가 무서운 것이라며, 글자의 효험을 강조했다. 여덟 살 새록은 내게 언어의 신비로움을 선사해 준다. 이 책을 준비하는 막바지에 봉아름작은도서관에서 진행하는 제주어 프로그램에 참여할 수 있어서 큰 도움이 되었다. 나의 제주어 선생님 김세홍 시인과 나의 문장 선생님 김지희 소설가에게 고마움을 전한다. 특히 이 책 이곳저곳에 등장하는 사람들이 있기에 이 책이 나올 수 있었다. 부족한 글을 묶어 책으로 빚어 준 걷는사람은 복 받을 것이다. 못난 글을 그림으로 윤색해 준 박들 화가와 삼달 센트럴에서 커피 한잔 마시고 싶다. 신숙아, 고치 글라같이 가자. 새록아, 몽케지 말앙뭉그적거리지 말고 재기 가게얼른 가자.

앞으로도 먼물질을 나가는 마음으로 제주 바당에서 제주어를 캘 작정이다.

2025년 제주시 에이바우트 중앙여고점에서
현택훈

차례

1부

머쿠슬낭에 흰 꽃이 하올하올

고망	13	두리다	48
갯것이	17	말장시	50
귀창	21	모살	53
그듸	26	뭄국	57
꿩코	28	물마중	61
낭	31	물모르	63
내낭	35	물애기	67
내창	37	멩글다	69
담상꾼	43		
동골레기	46		

2부

우정은 귤과 복숭아를 서로 주고받는 일

버렝이	74	산물 2	117
번구름	77	산전	121
볼레낭	82	산탈	125
부름씨	88	살레	127
베릿내	93	서튼바치	130
벨	97	셋하르방	132
벨롱벨롱	99	속다	136
사름	103	수눌음	139
산남	107	숭털다	142
산물 1	111	신사라	145

새는 구름을 종가 날아간다

아이모른눈	150	조촘앉다	170
언치냑	152	종그다	172
우영팟	155	죽어지는 세	174
예점	158	즌셈	176
웨방	160	재열	179
일흠	163	질	181
저슬	165		

시간의 조난자들은 서귀포 바당에

천지벡갈	186	쿨쿨ᄒ다	206
천리	188	툴ᄒ다	209
청	190	튼나다	212
치메깍	193	팡돌	215
칭원ᄒ다	195	헤치	219
켄	199	ᄒ민	221
쿰다	201		

 제주어 활용 문장 쓰기 ——— 224

제주어 마음사전 2

1부

머쿠슬낭에 흰 꽃이 하올하올

고망
구멍.

내가 그나마 잘하는 것은 고망낚시이다. 나는 제주도 사람이지만 릴낚시를 잘 못한다. 하지만 아이와 함께 고망낚시를 하다 보니 어느새 고망낚시에는 일가견이 생겼다.

고망낚시는 거창한 채비가 없어도 된다. 일단 고망낚시를 하려면 장비가 필요한데, 아주 간단하고 비용도 저렴하다. 낚시 가게에서 줄낚시 세트(보통 낚싯줄과 바늘과 뽕돌[1]이 함께 들어 있다)와 크릴새우 미끼를 산다. 만 원이면 충분하다. 릴낚시 정도는 아니지만 기분을 내고 싶다면 초보자용을 구매하면 된다. 만 원 조금 넘는 것으로. 크릴새우가 없다면 바닷가에서 보말을 잡아 미끼로 쓸 수도 있다.

낚시 포인트는 낚시 가게 주인에게 물어보면 된다. 고망낚시는 갯바위가 있는 얕은 바다에서 주로 이루어지기 때문에 물때의 영향을 많이 받지 않지만 그래도 썰물일 때가 더 낫다. 주인

---

[1] 봉돌. 낚싯바늘이 물속에 가라앉도록 낚싯줄 끝에 매어 다는 작은 쇳덩이나 돌덩이.

은 대개 안전하게 고망낚시를 하기 좋은 곳을 안내해 준다.

고망낚시는 말 그대로 구멍에 낚싯대를 드리우는 것이다. 제주도에서 고망낚시를 하면 주로 잡히는 어종은 거의 정해져 있다. 조수간만의 차로 밀물 때 들어와 조간대 갯바위 트멍틈에 머물러 있는 물고기들이 주로 잡힌다. 우럭, 볼락, 어렝이황놀래기, 부들락베도라치 따위이다. 간혹 메역치미역치, 쑤기미가 잡히는 경우가 있는데, 이 물고기는 등지느러미 부위에 독이 있기에 잡는 즉시 바로 풀어 주는 게 상책이다. 최근에 제주 바다 수온이 높아지면서 열대어인 범돔이 잡히기도 한다.

앞에서는 내가 객쩍게 낚시꾼인 양 떠들어 댔지만 사실 나는 낚시에는 서툰바치어떤 일에 경험이 없어 솜씨가 서툰 사람이다. 낚시계에서는 대개 허풍쟁이들이 많으니까 이해해 주겠지. 아이와 내가 물고기를 몇 마리 잡아 처가에 간 적 있었다. 장모는 평생 물질을 한 해녀이다. 장모는 내게 '눈 까진 물고기'를 잡아 왔다며 웃었는데, 어리숙한 물고기라서 나 같은 초보 낚시꾼에게 잡혔다는 말이다.

고망낚시는 갯바위에서 하기에 현무암 돌 틈에 잘 걸린다. 그러면 낚싯줄을 끊어야 하는 상황이 생길 수 있어서 쪽가위가 필요하다. 가장 어려운 점은 잡은 물고기의 아가리에 끼어 있는 바늘을 빼내는 것이다. 돌려서 빼야 하는데, 반드시 장갑을 껴야 한다.

간혹 방파제 테트라포드일명 삼발이에서 낚시를 하는 경우가 있는데, 매우 위험한 행동이다. 그곳 틈에 빠지면 개미지옥처럼 빠져나오지 못한다고 한다. 또 제주도 갯바위는 현무암이라 울퉁불퉁하고 뾰족한 부분이 많고, 비에 젖거나 해조류 같은 것이 껴 있으면 무척 미끄럽기 때문에 멩심해야_{명심해야} 한다.

고망낚시의 묘미는 그 조그만 곳에서 꽤 잘 잡혀 신이 난다는 점이다. 잡은 물고기는 내장을 빼고 손질해야 한다. 그렇지 않으면 냉동을 하더라도 썩는다.

제주시 조천에는 새콧할망당_{일명 고망할망당}이 있는데, 뱀이 구멍 속으로 들어가 좌정했다는 신당이다. 그 호끌락헌_{조그마한} 고망에도 신이 있다.

낚시 얘기가 나와서 말인데, 제주도에는 전설의 돗돔이 전해져 온다. 실제 돗돔은 심해어로 깊은 바다에 살다가 산란기 때 잠시 위로 올라온다고 한다. 지난겨울에 우도와 구좌읍 행원리 사이 바다에서 몸길이 180cm가 넘는 돗돔이 잡혔다. 한 시간의 사투 끝에 잡았다고 하니 그야말로 『노인과 바다』의 한 장면이었겠다.

오멸의 영화 〈뽕똘〉(2011)은 전설의 돗돔 이야기를 배경으로 한다. 그 영화에 나름 명대사가 나온다. 배우를 하기 위해 제주도까지 온 인물이 감독에게 묻는다. 당신에게 영화가 무엇이냐고. 그러자 감독은 이렇게 말한다. "자파리." 자파리는 제주어로 '장난, 소일거리'를 뜻하는 말이다. 오멸 감독이 차린 영화사 제목도 '자파리필름'이다. 영화에서 필름도 없는 카메라로 영화를 찍는 것은 예술에 대한 감독의 사상을 보여준다. 결과보다 과정을 즐기자는 것.

낚시 역시 과정에서 즐거움이 있다. 종일 바닷가에 앉아 있어도 한 마리도 낚지 못하는 경우가 허다하다. 그렇다고 그날 하루가 헛된 날이 될 수는 없지 않은가. 채비를 하고, 기대를 하고, 수면을 바라보며 옛 생각도 떠올리고, 휴대용 가스버너로 라면도 끓여 먹고, 낚싯바늘이 갯바위에 엉켜 낑낑대며 풀어 보기도 하며 시간을 보내는 것도 다 의미가 있는 법이다.

갯것이

바닷가. 썰물일 때 해산물을 잡을 수 있는 바다 밭.

'갯것'이라 부르기도 한다.

제주도에만 사는 식물들이 있다. 제주도에는 한라산과 곶자왈이 있어서 남방계 식물과 북방계 식물이 공존한다. 화산섬이라서 자생하는 식물도 있고, 바다로 흘러와 정착한 식물들도 있다. 식물들도 표류를 한다.

식물 이름 중에는 제주가 들어간 식물들도 꽤 있다. 제주고사리삼, 제주백서향, 제주상사화, 제주쑥부쟁이, 제주왕벚나무, 제주조릿대, 제주피막이 등. 그래서 제주를 대한민국 식물의 수도로 삼아야 한다는 말이 있을 정도이다.

내가 섬에서 태어났다는 것을 졸바로_{똑바로} 인식한 것은 열세 살 무렵이었다. 별도봉에서 친구들과 놀다가 혼자 빠져나와 산지등대에 갔다. 그곳에 앉아 수평선을 바라보는데 처음 느껴 보는 고독이 파도처럼 밀려왔다.

제주도 주변의 섬들을 모두 돌아다닌 뒤 그 섬들에 관한 책을 내면 어떨까, 하고 생각한 적 있다. 하지만 나는 모험가가 될 수 없는 체질이다. 멀미를 심하게 한다. 마라도 가는 배에서도 속이

울렁거린다. 목포로 가는 배는 치과만큼 곤혹스럽다. 친구가 해군에 함께 지원하고자 했을 때 멀미 때문에 손사래를 쳤다. 뱃고동 소리만 들려도 멀미가 난다.

그래도 나는 지도 보는 걸 좋아했다. 학창 시절 시험이 코앞인데도 지리부도를 펼쳐 상상으로 여행했다. 지도를 보고 있으면 나는 어느새 태평양의 어느 섬에 가 있거나 사막을 걷곤 했다. 그런 상상은 멀미가 나지 않으니까.

음악은 그런 여행의 나침반이 되어 주었다. 어차피 목적지가 없는 여행이기에 음악이 흐르면 음악 따라 흘러가면 그만이다. 그러면서 만나는 낯선 지명들은 별처럼 아름다웠다.

엔섬헤덴(Ensomheden)은 북극해에 있는 무인도다. 노르웨이어로 외로움을 뜻한다. 우도보다 세 배 넓다. 사람은 살지 않는다. 기상 관측소가 있지만 눈 속에 파묻혀 있다. 이 섬에서는 공룡의 목뼈가 발견되기도 했다.

1942년 독일 해군이 섬에 포격을 가했다. 관측소에서 기압, 기온, 풍향, 구름의 고도, 우주 방사선 등을 측정하던 근무자들은 포격에 의해 숨을 거두었다. 그곳에 있던 러시아 과학자들이 목숨을 잃었다.

인도양에 있는 섬 포세시옹(Île de la Possession)은 프랑스인이 발견해서 프랑스의 영토가 되었다. 미지의 섬을 발견한 프랑스 사람들은 이곳의 지명으로 쥘 베른의 소설 제목을 사용했다. 『해저 2만리』의 주인공 사이러스 스미스는 "나는 있는 길을 따라

가지 않는다. 내 뒤로 길이 생겨난다."라고 말했다. 난파를 각오하고 접근해야 한다는 이 섬에는 그래도 서른 명가량이 거주한다.

인도양에는 크리스마스섬(Territory of Christmas Island)이 있다. 어렸을 때 누나의 지리부도에서 처음 만났다. 이 섬에서는 언제나 크리스마스트리가 반짝일 것만 같았다. 오스트레일리아는 이곳에 난민 수용소를 만들어 운영했다. 이곳에서 폭동이 일어난 적도 있다. 중국 우한에서 코로나가 발생했을 때 중국에 있던 자국민들을 전세기로 수송해 이곳에 머물게 했다. 예전에는 영국과 미국의 핵 실험 장소로 이용되기도 했다. 이름과 달리 슬픈 섬이다. 그것이 섬이 운명이라면 너무 가혹하다.

유디트 샬란스키가 자신의 책 『머나먼 섬들의 지도』(눌와, 2022)에 제주도를 담았다면 뭐라고 썼을까. 틀림없이 이 섬의 신들과 신축민란[2], 4·3 등을 거론했을 것이다. 아니면 오름, 곶자왈, 용암 동굴 등의 내용만으로도 쓸 내용은 충분할 것이다. 이 책의 부제는 '간 적 없고, 앞으로도 가지 않을 55개의 섬들'이다. 섬의 아득한 마음을 부제가 잘 말해 준다. 이 책이 처음 독일에서 나왔을 때 그해 가장 아름다운 독일 책에 선정된 까닭도 섬이어서 가능했을 것이다.

윤영배의 노래 〈위험한 세계〉 노랫말 중에 "저기 갯것 가자

---

[2] 1901년 5월 6일부터 7월 18일 제주도에서 발생한 봉기로, 대한제국 봉세관의 조세 수탈과 프랑스 선교사를 앞세운 천주교회의 폐단에 맞선 민중 항쟁.

부르는 구럼비가 보이나"가 있다. 강정 갯것에 들어선 해군기지를 생각하며 만든 노래이다. 갯것은 망둑어들이 아가미에 물을 채워 숨 쉬는 곳 아닌가. 고망낚시를 하면 부들락과 어렝이를 낚을 수 있는 곳이다.

해녀들이 난바르_{해녀들이 마을을 떠나 여러 날 동안 배에서 숙식하면서 자그마한 섬 주변을 돌아다니며 치르는} 물질를 할 때도 섬을 곁에 둔다. 섬이 없다면 바다에서 물질을 할 수 없다. 저승과 이승을 넘나든다는 물질에서 뿌리처럼 손을 뻗고 있어야 할 곳은 그래도 섬이다.

귀창
귀청. 고막.

나는 가 본 적 없으나 양혜영 소설가로부터 들었다. 예전에 제주시 원도심에 음악 감상실 '귀모아'가 있었다고. 이름 정말 잘 지었다. 많은 사람들이 모두 귀를 모으고 있는 모습을 떠올리면 조금 기이하다.

어렸을 때 텔레비전 볼륨을 크게 하면, 어머니가 꽥 소리를 질렀다.

"귀창 터지켜."

밤이면 라디오에 귀를 기울였다. 음악이 내 귀로 들어와 똬리를 틀었다. 내가 시를 쓰게 된 것은 다 음악 때문이다. 나는 음악에 기대어 시를 썼다.

고등학교 1학년 때 문학부에 가입했다. 문학부 이름은 '창(窓)'. 수요일마다 한 교실에 모였다. 수요일 오후에 진행된 특활 시간이었던 것이다. 선생님은 한 걸음 물러서 있고 학생들이 주도해 토론을 벌이곤 했다. 책에 대한 얘기도 나누고, 문집 준비도 하였다. 억압적인 학교생활 속에서 그나마 수요일 오후의 특별 활동 시간에는 자율이 어느 정도 보장되었다.

나는 선배를 따라 어영부영하는 후배였으나 속으로는 문학적 자세를 취하는 선배들을 흠모하고 있었다. 지금은 상상하기 어려운데, 그때는 졸업생이 그 시간에 맞춰 교실에 찾아오기도 했다. 대학생이 된 선배 몇 명이 교실에 들어왔다. 남자 두 명과 여자 한 명이었다.

우수에 찬 얼굴의 한 선배는 야상을 입고 있었다. 지금 생각하면 치기스러운 행동과 말인데, 그때는 멋있어 보였다. 선배는 자기소개를 짧게 하더니 칠판에 이렇게 적었다.

"있다. 글을 써라."

그 말은 어떤 선언 같았고, 그 시대에 필요한 아포리즘 같았고, 선험적이기까지 했다. 그 말을 쓴 채 더는 말이 없었다.

또 다른 남자 선배는 우리에게 영화 한 편을 권했다. 그 영화의 제목은 〈죽은 시인의 사회〉(피터 위어, 1990)였다. 우리가 읽는 시의 시인들은 모두 죽었다며 침 튀기며 영화와 문학에 대해서 말했다.

여자 선배는 우리가 원하지도 않았는데 굳이 노래 한 곡을 하겠다며 나섰다. 그 노래는 변진섭의 노래 〈너에게로 또다시〉였다. "너에게로 또다시 돌아오기까지가 왜 이리 힘들었을까 이제 나는 알았어 내가 죽는 날까지 널 떠날 수 없다는 걸" 주먹을 불끈 쥐고 열창했다.

나는 그늘이 가득한 얼굴로 창밖을 보던 선배도 아니고, 영화

애기를 하면서 우리에게 감수성을 말하던 선배도 아니고, 목에 핏줄을 세우던 선배의 노래가 마음으로 들어왔다. 떠났던 사람들이 다시 사랑하는 사람에게로 돌아오기까지 힘들었다는 그 노래는 졸업생의 마음으로 다가왔고, 나의 미래를 보는 듯했다. 언젠가는 그리워할 그 시간을.

농협 강당에서 시화전을 연 적이 있었다. 하이라이트는 문학의 밤이었다. 각자 창작시를 낭독했다.

자신의 작품을 낭독할 때 쓸 배경 음악은 각자 갖고 오라고 했다. 나는 집에서 내가 갖고 있는 거의 모든 카세트테이프의 노래를 들어 보면서 어떤 음악이 좋을지 고민하였다. 시 쓰는 것보다 더 많은 시간을 할애하였다. 마침내 내가 정한 것은 이병우의 〈머플리와 나는 하루 종일 바닷가에서〉. 최종 후보 중에 이성우의 〈시간이 흐르고 나면〉도 있었는데, 괜스레 그 음악에게 미안한 마음이 들었다. 읽었던 시는 기억나지 않고 그 음악은 그 뒤로도 가끔 듣기에 기억에 오래 남았다. 심지어 그때 창밖에 드리워진 땅거미를 기억한다.

누군가를 좋아하기도 했다. 그 애가 선배랑 다정한 모습을 보고 나는 애꿎은 깡통만 발로 찼다. 그 애 때문에 시를 쓰기도 했다. 너와 나의 계절이 있었다. 그 애에 대한 마음을 포기하고서 집으로 가는 버스에서는 유재하의 노래 〈지난날〉이 흘러나오고 있었다. 지난날은 다 나름의 의미가 있다.

강정천으로 소풍도 갔었다. 은어 몇 마리가 발목을 스치며 지나갔다. 아마 이른 여름이었을 것이다. 지금은 해군 기지 펜스가 설치되어 있어 그 추억으로 들어가지 못하지만.

지금은 없어진 제주서림이나 용담서점에 가서 시집을 샀다. 그때는 대학생 형 누나들이 전공과 상관없이 시를 많이 읽던 시절이었다. 어찌 보면 호시절이었다. 대학생의 책꽂이에는 으레 시집들이 여러 권 꽂혀 있기 마련이었다. 시집과 레코드판이 있는 방이 그때 청춘들의 전형적인 방 모습이다.

밖거리_{바깥채}에 교대에 다니는 외삼촌이 살았다. 대학생 외삼촌 방에는 엘피판과 시집이 있었다. 내 첫 시집의 제목이 『지구 레코드』인 것도 외삼촌 영향이다. 나의 귀는 외삼촌 방에서 완성되었다.

스무 살 무렵 무라카미 하루키의 소설 『바람의 노래를 들어라』나 『양을 쫓는 모험』을 좋아했는데, 그의 소설 배경에는 늘 음악이 있어서 마음에 들었다.

고등학교 때 문학 선생님은 가끔씩 수업 시간에 명상을 하도록 했다. 바닷가에서 밀려오는 파도나 오름 위에 올라 시원한 바람을 맞는 상상을 해 보라고 했는데, 다시 눈을 뜨면 세상이 조금 달라진 것 같았다. 넥타이 대신 펜던트를 매고 있는 선생님의 모습이 멋있어 보였다. 그 선생님도 시인이었다. 정인수 시인. 시인은 가고, 삼양 바닷가에 시비 하나 남았다. 흘러가면 다 음악이 된다.

외삼촌이 일찍 돌아가시고, 외삼촌 방도 사라졌다. 엘피판이 외삼촌의 옷가지와 함께 불탔다. 나는 좋은 오디오를 갖고 싶었다. 그 물욕이 그리움이었다. 하지만 나이가 들어 그런 욕심은 사라졌다. 그리움이 사라진 것은 아니지만, 이제는 잡음이 있어도 희미하게 들리기라도 하면 괜찮다. 주파수를 맞추며 FM 라디오를 듣던 그 시절처럼.

그듸
그곳. 거기.

'그듸'는 그곳, '이듸'는 이곳, '저듸'는 저곳.

김도형의 기타 연주곡 〈가파도〉를 듣는다. 듣고 있으니 가파도에 가 보고 싶다. 가파도의 바람이 기타 연주에 스며 있다. 가파도가 그곳이 된다. 김도형의 기타 연주 음반 제목이 〈그곳〉이다. 김도형의 작업실은 소길리에 있다. 그가 꿈꾸는 그듸는 어디일까.

김도형은 제주로 이주해 소길리에서 피아노 조율사 일을 하며 사는 기타리스트이다. 이병우와 같은 헤어스타일이라서 기타를 잘 치는 사람들의 특징으로 오해할 수도 있다.

그는 트럭을 타고 다니는데, 피아노를 운반할 경우를 대비한 것이라고 한다. 한번은 그 트럭을 용달처럼 쓸 수 있는지 내가 물은 적 있다. 나는 일당이라도 벌 수 있으니 도움을 주는 거라 여겼는데 나중에 알고 보니 그것은 결례였다.

그와 친한 사람에게 물으니 그는 피아노 조율 외에 다른 일은 하지 않는다고. 기타리스트로서의 자존심도 있지만 무엇보다 다른 일을 많이 하게 되면 기타 연습을 할 시간이 부족해진다는 것.

아니나 다를까. 그의 작업실 겸 집에 가 보면 그는 늘 기타를 치고 있다. 공연이 자주 있는 것도 아닌데, 평소에 단련을 해 놓아야 한다며 계속 기타를 친다. 소길리 그듸에 가면 기타 연주 소리가 들릴 것이다.

피아노 관리를 하다 누가 버리는 피아노를 받아 온 그는 그 피아노가 아까워 집 근처 버스 정류장에 갖다 놓았다. 그랬더니 지나가던 사람들이 가끔 앉아 피아노 연주를 하고 간다. 소길리 사무소 버스 정류장인데, 누가 '음악이 있는 정류장'이라고 글씨도 새겼다.

기타와 조율 외에는 다른 일을 안 할 것 같았는데, 최근 유일하게 하는 일이 소작으로 짓는 귤 농사이다. '못생긴 도형이네 귤'은 겨울에 맛볼 수 있다.

그는 한라산을 자주 오른다. 체력을 유지하기 위해서 오른다고 했다. 기타를 치기 위해서는 힘이 필요하다며. 그야말로 한라산이 키운 기타리스트이다. 그는 피아노 조율을 하듯 기타리스트로서의 본연의 모습을 잃지 않기 위해 삶을 조율하며 살아간다.

그의 삶이 어느덧 기타 연주곡이 된다. 그의 그곳은 먼 곳이 아니다. 그가 지향하는 그곳은 그가 지금 머무는 바로 그곳이다.

나의 그곳은 어디일까. 내게 그곳은 거로마을 그 집이다. 사랑하는 사람들이 다 살아 있었던 그때 그곳. 심지어 김현식도 유재하도 살아 있었다.

꿩코
꿩을 잡기 위해 꿩이 다닐 만한 길목에 설치하는 올가미 덫.

어른들은 '능동산', 아이들은 '여우동산'이라 불렀다. 탐라 성주의 무덤이 있어서 능동산이었으나 우리는 밤에 여우가 나온다는 이야기를 듣고 여우동산이라 부르길 좋아했다.

여우는 좀 으스스해서 좋았다. 여우를 본 적은 없었지만 근처에 여우가 있다고 여기면 긴장감이 찬바람처럼 돌았다. 〈여우야 여우야 뭐하니〉 노래를 부르며 놀았다. 술래는 여우가 돼 아이들과 문답한다. 중요한 건 개구리 반찬의 생존 여부이다. 개구리가 살아 있으면 도망쳐야 한다. 술래가 살아 있다고 외치면 아이들은 놀라 달아난다. 살아 있다는 것은 말 그대로 생동이다. 탐라의 무덤에서도 "죽었니 살았니"를 묻는다.

나는 동네 형들과 여우동산 부근 풀숲에 꿩코를 놓았다. 낚싯줄이나 철사를 동글게 말고 그 안으로 또 다른 한쪽을 집어넣어 둥글게 만든다.

꿩이 다니는 길목에 놓아 두면 꿩이 지나가다 목이 걸린다. 화들짝 놀란 꿩은 대가리를 주억거리고, 그러면 줄이 꿩의 목을 조른다. 꿩코를 세는 단위는 호라고 하는데, 많게는 백 호 넘게 놓는다. 다른 사람의 꿩코를 훔치는 사람도 있었다.

형과 나는 꿩코를 놓고 며칠 뒤 그 자리에 가 봤지만 늘 허탕이었다. 고등학생 동네 형들이 꿩을 잡았다는 말을 듣고, 내심 기대했으나 뱀이라도 안 마주치면 다행이었다. 내가 굴룬걸음헛걸음이라고 붕당붕당혼자서 투덜대는 모양 입바위입술를 비죽이면 형이 어느새 졸겡이으름를 따 내게 내밀었다. 우리는 그 하얗고 부드러운 졸겡이를 바나나라 부르며 좋아했다.

민요 〈꿩꿩 장서방〉은 근근이 살아온 우리네 조상들의 서러움이 담긴 노래이다. 겨울철 먹을 것이 부족했던 제주 사람들은 꿩엿을 고아 먹었다.

엄마는 꿩엿을 만들 줄 알았다. 꿩엿은 딱딱하지 않아 조청에 가깝다. 제주에서는 꿩 말고도 뒈야지고기돼지고기, 마농마늘, 하늘레기하눌타리, 암눈비에기쿨익모초 등을 넣어 엿을 고아 먹었다. 고기나 약초를 넣는 것으로 보아 엿을 겨울 보양식으로 삼았던 모양이다. 집집마다 엿 만드는 기술을 전수했다.

제주의 중산간 마을 인근 길을 가다 보면 먼 곳에서 타운 하우스들을 쉬이 마주치게 된다. 그래도 여전히 봄이면 산벚나무 꽃 사이를 날아오르는 꿩을 볼 수 있다.

어릴 적 우리가 만든 꿩코에 꿩은 걸리지 않고 햇빛만 걸린 적이 많았다. 우리는 그 햇빛 속에서 자랐다.

낭
나무.

 최근 제주도에 있는 워싱턴야자수들이 뽑히고 있다. 10미터 넘게 자라는 나무라 태풍이 불면 위험하기 때문이다. 겨울에 빨간 열매가 달리는 먼나무로 가로수 수종 교체 작업이 한창이다.

 그래도 이 워싱턴야자수 덕분에 제주도가 이국적인 느낌이 들어 여행객들의 눈길을 끌어왔다. 멕시코가 원산지인 이 나무는 겨울이 있는 제주도에서 사십여 년 동안 잘 버텼다. 눈 묻은 워싱턴야자수는 두린어린 내 눈에도 불쌍해 보였다.

 숙대낭은 귤밭 방풍림으로 주로 심어서 귤이 잘 자라도록 매운 바람을 막아 주었다. 하지만 꽃가루 알레르기의 온상으로 알려지면서 애물로 전락했다. 그 삼나무 숲에 멸종 위기 동물인 애기뿔소똥구리, 두점박이사슴벌레, 팔색조, 붉은해오라기, 긴꼬리딱새, 맹꽁이, 붉은배새매 등이 산다. 원앙, 두견이, 붉은배새매, 팔색조, 솔부엉이 등의 천연기념물도 산다. 수십 개의 금방울을 달아 놓은 것 같은 꽃이 피는 으름난초도 숙대낭 밑에서 서식한다.

윤영배의 노래 〈키 큰 나무〉는 워싱턴야자수나 삼나무를 보고 만든 노래인 것 같다. 사랑하는 사람과 헤어지면서 키 큰 나무가 되어 떠나는 사람을 아주 먼 곳까지 가는 것까지 잘 볼 거라는 노래인데, 워싱턴야자수는 수십 년 동안 제주 섬에서 자라다가 뿌리째 뽑히면서 무슨 생각을 할까.

제주에서 나고 자라는 동식물들도 제주어 이름이 있다. 잠자리는 밥주리밤부리, 올챙이는 멘주기강베록, 귀뚜라미는 공젱이, 메뚜기는 말축, 지렁이는 게우리, 참새는 생이, 솔개는 똥소레기, 먹구슬나무는 머쿠슬낭머쿠실낭, 무는 눔삐무수, 민들레는 고롬풀쓴부르게, 청미래덩굴은 멩게낭벨레기낭, 수선화는 물마농꽃, 잔디는 테역, 개구리밥은 물웃 등.

잃어버린 마을(4·3 당시 초토화 작전으로 소개된 마을) 무동이왓에 가면 백 년은 족히 넘었을 폭낭팽나무이 여전히 마을을 지키고 있다. 제주의 시인들은 그 폭낭 앞에서 시를 썼다. 마을의 사랑방 역할을 하던 그 나무들은 대개 폭낭이나 머쿠슬낭멀구슬나무이다. 그곳은 마을 삼춘들의 쉼팡이다. 앉아 있으면 오름에서 내려온 부름바람이 건들건들산들산들 분다. 초여름에는 머쿠슬낭에 흰 꽃이 하올하올하늘하늘 핀다.

> 옛날 옛적 머쿠슬낭 아래에서 잠들었다
> 구릉 위에서 따뜻하니 무서웠다
> 일본에서 일하다 반송장으로 돌아온 육촌 당숙은

벽에 직산한 채 돌아가셨다는데
그 나무는 꽤 먼 곳에서도 보여
물결 위 그림자처럼 흔들렸다
가까이 가면 먼 친척 같아서
서먹거리며 지나다가도
조무래기 나의 수령을 얕잡아 본
희영희영 하르바님
스산한 바람 소리를 내기도 했다
그 나무 열매로 염주도 만들었다는데
나무의 고향은 인도 히말라야 어느 산속이라지
근처는 숲과 무덤이 섞이어 자라는 곳이라서
우리에겐 놀기 좋은 시간이었다
그곳에서 여우, 토끼, 호랑이 등을 불러 모았다
나는 주로 환자가 되었는데
동무들은 나를 죽였다가
살렸다가 죽였다가 살렸다
그러니 그곳은
우리가 만든 서천꽃밭이었다
마을 삼춘들은 영험한 말들을 곧잘 했고
우리는 그들의 바람대로 자라거나
수틀리면 도망쳤다
우리가 주워온 돌 중에는

사람 모양을 닮은 것도 있어서
햇볕 잘 드는 곳에 미륵불인 양 좌정했다
내창에서 뱀을 잡은 후부터
몸에 허물이 잘 생겼고,
할머니는 운동지 영감당에 가서
치성을 드렸다 그해 영국 귀신이
내게 보낸 행운의 편지를 받았다
기세등등하게 흉흉한 이야기를 퍼트리다가
백 년도 되기 전에 맥을 못 추었지만
소중한 사람 꽤 많이 앗아갔다
산을 오르면 점점 바다와 가까워지는 섬
비바람이 치면 천방과 함께 지축을 찾아
지리부도 너머 사막을 건너
부루마불 무인도에서 낮잠을 잤다
가끔씩 머쿠슬낭이 하얀 꽃이불을 덮어주었다

-「옛날 옛적 머쿠슬낭」

내낭
내내.

 봄 내낭 제주는 4월이다. 눈 내린 한라산 언저리에만 가도 무자년 겨울이 떠오르듯 봄 햇볕을 맞으면 봄날 산으로 걸어가는 제주 사름덜사람들이 떠오른다. 봄밤에 숨죽여 옹송그리고 있는 꽃잎들, 지천에 지깍잔뜩이다. 동백이 뚝뚝 떨어져 버린 그 봄이 70여 년 넘도록 내낭 그대로 설운젊은 봄이다.

 4월 3일 봉화가 오르고, 산사람이 된 사람들은 봄밤에 무슨 생각으로 지새웠을까. 며칠만 지나면 난리가 끝날 것이라 여겼으나 그 후 한라산 금족령이 해제될 때까지 7년 7개월이 흘렀다. 7년 7개월의 밤이라니.

 4·3에 관한 사진 중에 1948년 5·10 총선거를 반대하면서 온 마을 사람들이 한라산에 올라 풀밭에 앉아 있는 사진이 있다. 마치 소풍을 나온 분위기로 남녀노소 모여 있다. 해방된 나라를 둘로 쪼갤 수 없다고 선거를 반대한 것. 하지만 제주도를 제외한 지역에서 선거가 치러졌고, 제헌 국회가 세워졌다. 결국 이 남한만의 단독 선거로 분단을 기정사실화하게 되었다. 그렇게 수립된 정

부의 초대 대통령 이승만은 제주도 양민 학살을 명령한다.

제주는 그해 봄에서 멈춰 버렸다.

무엇이든 내낭 지속되면 수습하기 어려워진다. 제주도에 있는 한그루 출판사에 종종 놀러 간다. 그곳은 제주 인문학 관련 서적을 많이 내서 갈 때마다 이야깃거리가 풍성하다.

김지희 편집장은 우문현답을 하듯 지혜를 주곤 한다. 아무래도 책을 많이 읽어서 현명해진 모양이다. 벌인 일들을 어찌하지 못할 때 김지희 편집장이 내게 말했다.

"너미너무 펼치지 말앙 오므령 쉐멍 협서오므리고 쥐면서 하세요."

'쉐다'는 '쥐다'라는 뜻이다.

놓치지 말아야 할 것들이 있다. 물건의 가장자리 끝을 한곳으로 모으듯 희망을 오므리고 쥐고 있으면 좋겠다. 기회가 됐을 때 활짝 펼치는 것이다.

제주 4·3 기록물이 유네스코 세계 기록 유산에 등재되었다. 우리가 잊지 않고 내낭 쉐고 있었기에 마침내 빛을 보았다. 제주는 내낭 4월이다.

내창
하천.

제주도 내창은 용암이 흐른 흔적이다. 그 뜨거웠던 용암이 식어 이제는 바위 사이로 풀과 나무들이 자라는 독특한 하천 풍경을 보여 준다. 그래서 한라산에서 바다로 뻗어 가는 모습이다. 제주도 마을 지형이 한라산 쪽으로 길게 뻗은 까닭도 이 하천에 따라 취락 구조가 형성되었기 때문이다.

내창이라는 말이 주는 어감에 착안해 나는 졸시 「남수각」에서 "제주에선 왜 하천을 내창이라고 하는지/남수각에 가면 알게 된다/갈린 배에서 흘러내린 창자 같은 내창이/성문 밖으로 흐르고 있다."라고 썼다. 남수각은 제주성 동문 근처 산지천에 있는 홍예교(무지개다리) 위에 세웠던 누정(樓亭)이다. 이 산지천은 제주시 원도심의 상수도관이나 마찬가지였다.

산지천은 한라산 북사면에서 발원해 아라동, 이도동, 일도동, 건입동을 거쳐 산지 포구로 이어지는 하천이다. 탐라 시대부터 이곳이 제주의 중심이자 관문이었다. 4·3 당시 인민유격대장 이덕구의 시신이 이곳에서 화장되었다.

제주도 마을은 대체로 물웨토종 오이처럼 길쭉해서 웃동네와 알동네가 있다. 웃동네는 한라산 쪽이고, 알동네는 바닷가 쪽이다. 그래서 남북 구별보다 웃과 알로 구분하고, 동서는 동카름과 서카름으로 나뉜다. 식수가 필요하니 산물용천수 중심으로 마을이 형성되지만, 빨래를 하거나 멱을 감을 때는 하천의 소(沼)를 이용했다.

박성내는 아라동에 있는 하천이다. 1948년 12월 이곳에서 100여 명이 학살당했다. 산에 좁쌀 한 되라도 올린 사람은 자수하라고, 양민증을 주고 살려 주겠다고 회유했다. 그렇게 자수한 사람들을 죽이고 시신을 불태웠다.

제주여고 입구에서 동쪽 아라중 방향으로 가다 보면 '아무튼 책방'이 나오는데, 그 맞은편에 있는 하천이 박성내이고, 다리에는 박석교라고 적혀 있다. 마른 하천 옆으로 나뭇잎 잎사귀가 푸르다. 그 나무들이 목격자가 되어 그곳을 지키고 있다.

그 박성내에서 아라동으로 올라가면 원신아파트 가기 전에 인다마을 4·3 성이 있다. 이러한 4·3 성은 중산간 마을에 거의 다 지었는데, 지금은 몇 군데만 남아 있다. 토벌대의 명령에 의해 마을 주민들이 쌓기도 했고, 마을이 불타 버린 뒤에 재건하기 위해 와서 쌓기도 했다. 밭담이나 산담에 있는 돌을 등짐으로 날라 쌓았다고 한다. 단순히 돌담만 쌓은 것이 아니고 문도 만들고, 함바집 지어 처소로 썼다. 마을 사람들은 경찰은 검둥개, 군인은 노랑개라 부르며 경계했다.

2007년 태풍 나리는 제주에 큰 피해를 입혔다. 건천을 보면 알 수 있듯 제주도는 토양의 물 빠짐이 좋아 홍수가 흔치 않은 섬이다. 하지만 하천들을 복개하는 개발을 하였고, 결국 그 복개천들이 뒤집혔다. 자연스러운 물의 흐름을 비튼 대가였다. 한천은 용담동을 가로지는 하천인데 이때 범람했다. 복개천 위에 세워 두었던 차량들이 떠내려갔다. 사람들도 목숨을 잃었다.

 제주의 건천들은 평소에는 말라 있지만, 비가 오면 물이 콸콸 흐른다. 갑자기 물이 떠밀려 오기에 "내창 터졋저."라고 말한다. 비 오는 날 하천에서 놀다가 내창이 터져 사고를 당하는 경우도 있다. 초등학교 1학년 때 친구도 개구리를 잡겠다고 화북천에서 놀다가 갑자기 불어난 물에 휩쓸려 갔다. 이젠 그 친구의 얼굴이 떠오르지 않아 애석할 따름이다.

 화북천은 별도천이라고도 불리는데, 원남소에서 여름에는 맨들락 벗고 놀았다. 물 가까이 드리운 나뭇가지 이파리가 물을 더욱 푸르게 만드는 것 같았다.

 2006년에 이 화북천 옆에 있는 고우니모루에서 4·3 유해와 유류품들이 발견되었다. 1949년 1월 집단 희생당한 화북동 주민들의 유해로 추정된다. 이는 제주도 전역의 유해 발굴로 확대되는 계기가 되었다. 정뜨르 비행장, 공초왓 등지에서, 뭍에서는 대전 골령골에서 4·3 유해가 발견되었다. 이러한 유해 감식이 가능해진 것은 법의학이 발달했기 때문이다. 그래서 유족들은 채혈을 통해 유전자 감식을 추진 중이다. 행방불명이 되어 구천을 떠도는 영혼이 여전히 많기 때문이다.

이덕구산전 옆으로 천미천이 흐른다. 산사람들은 하천에서 먹을 것을 씻거나 하면 하류에서 토벌대가 눈치챌 수 있기에 하천에 있는 물을 떠다가 이용했다고 한다. 천미천이 있어서 한라산에서 항전할 수 있었을 것이다.

이덕구산전 근처에 사려니숲길이 있다. 이곳은 제주도 숲길 중에서 인기가 많은 길이다. 천미천도 이 길을 가로지른다. 하지만 사람들은 그 천미천 따라 올라가면 산전이 나온다는 걸 잘 알지 못한다. 이제는 4·3에 대해서 어느 정도 진상 규명이 되고, 말할 수 있는 시대가 되었다고 하지만, 여전히 이덕구와 산전을 말하는 것은 금기로 인식하는 분위기가 있다.

김경훈 시인의 주동으로 제주민예총은 해마다 현충일에 산전을 찾는다. 가수 최상돈과 산오락회는 그곳에서 노래를 하고, 민예총 회원들은 각자 준비해온 제물을 올려 제를 지낸다.

이덕구는 민중봉기의 장두(狀頭)였다. 신축민란의 이재수처럼. 장두란, 여러 사람이 서명한 소장(訴狀)의 맨 첫머리에 적힌 이름을 뜻하는 말 아닌가. 4·3항쟁의 맨 앞에 거론해야 할 인물이다.

리쓰메이칸대학 경제학부 재학 중 1943년 학병으로 관동군에 징집되기도 했던 이덕구는 해방을 맞이해 고향에 있는 조천중학원에서 사회 교사로 근무했는데, 4·3이 발발하자 무장대에 합류했다. 그는 이미 4월 3일 이전에 경찰서에 끌려가 모진 고문을 당했다.

4·3 당시 아이들은 "덕구 덕구 이덕구/박박 얽은 이덕구" 하는 노래를 불렀다고 한다. 이덕구는 군경이 퍼트린 왜곡으로 말미암아 두려움의 대상이면서도 동시에 민중의 영웅이었던 것이다. 동학농민운동 때의 전봉준을 기리며 "새야 새야 파랑새야" 노래를 부른 것처럼.

천미천은 비교적 알려지진 않았지만 국가 하천이며 제주도에서 가장 긴 하천이다. 한라산 쪽은 물도 많고 비경으로 꼽혀서 최근에 천미천을 찾는 사람들이 늘고 있다. 이 천미천 주변에서 은거하며 항전하던 이덕구는 끝내 산지천에서 그 유해가 흘러 바다로 갔다.

제주의 작가들은 자신의 고향 마을이나 사는 마을과 가까운 4·3 유적지를 더 자세히 찾아보곤 한다. 그도 그럴 것이 장소의 의미를 상기하면서 재발견하는 경우가 많기 때문이다.

서안나 시인은 자신의 집 근처에 있는 박성내를 노래했고, 가시리에 사는 조부·조모를 잃은 오광석 시인은 가시리를 노래했다. 내 고향 마을에서 가까운 바다가 곤을동이고, 나는 그 잃어버린 마을을 노래했다. 제주 시인들의 4·3 시에 나오는 장소를 꼽아 보면 4·3 지도가 완성될 것이다. 내창 주위로 마을이 형성되고 건천에는 이야기가 흐른다.

담상꾼
행상꾼. 이리저리 돌아다니며 물건을 파는 사람.

 도붓장수를 뜻하는 도비상귀라는 말도 있고, 담상꾼이라는 말도 있다. 도붓장수와 행상꾼은 시기별 차이일까? 트럭에 계란, 수박, 참외 따위를 싣고 물건을 팔던 그런 장사꾼들도 요즘은 보기 드물다.

 제주 조천에 있는 '신촌 가는 옛길'은 제주의 옛길 느낌이 남아 있는 곳이다. 올레 18코스에 들어간다. 이 코스는 제주항에서 출발해 주정공장 4·3역사관, 별도봉 산책길, 곤을동, 불탑사, 신촌 가는 옛길, 삼양 검은모래해변, 닭모루, 연북정, 조천만세동산까지 걸을 수 있는 길이다.

 신촌 가는 옛길에서 도비상귀를 떠올렸다. 삼양에서 신촌으로 식게제사 먹으러 갈 때 다녔다는 길이다. 제주에서는 제사가 있는 날이면 일가친척뿐만 아니라 마을 사람들이 모두 모이는 풍습이 있다. 제사를 지낸다는 말보다 식게를 먹는다는 표현을 주로 쓰는데, 가난하던 시절 모처럼 제삿밥을 반태우며음식을 여러 몫으로 나누며 **지냈다.**

나는 신촌 가는 옛길로 시를 썼는데, 김수열 시인도 같은 제목으로 시를 썼다. 나는 "난리 때 죽은 말젯아방" 정도로 4·3을 말했는데, 김수열은 "한 번쯤은 어린 덕구가 밥차롱 허리춤에 차고/돌아보고 돌아보며 걸었음직한 길"이라고 표현했다. 역시 그가 나보다 한 수 위다.

나는 대전에서 대학 공부를 했다. 판암동, 일요일 자취방에서 늦잠을 자고 있는데, 땅콩 장수 목소리에 잠에서 깼다. "땅콩, 한 바가지에 천 원." 하고 한 번에 말하면 될 것을 "땅콩." 말하고 한참 뜸을 들인 후 "한 바가지에." 말하고 또 한참 뜸을 들인 후 "천 원."이라고 말하는데, 충청도의 일요일다웠다. 그날 나는 일요일 내내 아주 천천히 땅콩을 먹었다.

    도비상귀도 지나간 길. 연지, 분, 머릿기름, 거울, 빗, 비녀, 바느질함이 험치 따라간 길. 원당사 돌탑은 이끼가 푸르고, 송이 밟는 소리 먼 옛날로 설화처럼 흐르는. 고려 때 목호가 거미줄 같은 눈물을 치며 걸었을 길. 패망한 나라로 갈 수도 없고, 올레 끝집 복숭아 닮은 양씨와 조천포구 부근에 집 짓고 살려고 해신디. 아즈방은 두린아이 손 잡고, 아즈망은 동골락동골락헌 곤애기를 등에 업고. 셋아방집 가는 길. 식게 밥 먹으러 가는 길. 무밭을 지나고, 환삼덩굴 우거진 풀숲을 지나고, 난리 때 죽은 말젯아방 애기허당, 뭍에 가서 소식 뜸한 족은 아들 걱정허당 보민. 와흘 너머에서 들려오는 여호 울음. 바지춤엔 가마귀바늘이 달라붙어 있고. 삼양에서 신촌 가는 길. 동카름 쪽에서 불어오는 서늘한 밤바람. 옛날이야기처럼 구불구불한, 신촌 가는 옛길.

-「신촌 가는 옛길」

동골레기
동그라미. 동글레기, 공돌레기라도 한다.

 어렸을 때 내 시험지에는 비가 자주 내렸다. 시험지를 받은 날이면, 문제마다 선생님의 빨간 줄이 빗줄기처럼 좍좍 그어져 있었다. 나는 그 비를 동그랗게 말아 동골레기, 그러니까 동그라미로 몰래 바꾸어 놓곤 했다. 비가 그친 시험지에는 뭉게구름 같은 동그라미가 떠다녔다.

 숫자 점수도 가끔 몰래 고쳤다. 6은 살짝만 보태면 8이 되었고, 나는 그 변신이 꽤 자연스럽다고 생각했다. 지금에서야 고백하지만, 그때는 부끄러운 줄 몰랐다.

 문서 위조의 세계로 말하자면, 나는 상습범이었다. 부모님 동의서 같은 건 내가 대신 서명하는 일이 잦았다. 특히 아버지의 이름을 흉내 낼 땐 끝 획을 살짝 위로 날리듯 마무리하는 게 포인트였다. 지금 생각해 보면, 누군가의 글씨를 흉내 내는 데도 나름의 감각이 필요했다.

 더 놀라운 건 같은 반 친구의 재주였다. 그 친구는 버스 승차권을 거의 똑같이 그려 내곤 했는데, 심지어 바코드 비슷한 무늬까지 정확히 흉내 냈다. 우리는 그 종이를 보고 감탄했다. 그가 커서 미대에 갔는지는 모르겠다.

한번은 초등학교 숙제로 태극기를 그려야 했다. 태극 문양의 둥근 모양을 그리려다 보니 컴퍼스가 필요했는데, 집 안 어디에도 컴퍼스는 없었다. 나는 엄마에게 물었다.

"엄마, 컴퍼스 어딨어?"

엄마는 잠시 생각하다 아무 말 없이 부엌으로 가더니 밥사발을 하나 들고 왔다. 그리고 도화지 한가운데에 사발을 턱 올려놓았다.

"이걸로 그려."

나는 웃었다. 밥 한 공기의 원이 그려졌다. 그 동그라미 안에 태극 문양을 그리고, 검은 건곤감리 네 괘를 사방에 적당히 배치했다. 그렇게 완성한 태극기는 정확하지는 않았지만, 어딘가 마음이 갔다. 요즘도 태극기를 보면 그때의 밥그릇이 떠오른다.

두리다
어리다. 나이가 적어 철이 덜 들다.

어렸을 때 문구점에 가면 아카데미과학에서 나온 조립식 장난감 상자들이 나의 눈높이보다 조금 위에 있었다. 나는 그것들을 삼월 하늘 보듯 우러러봤다.

하나만 완성되어도 나의 세계가 생겼다. 먼저 길을 내야지. 건물도 짓고, 사람도 움직인다. 외계인이 나타나 공격하면 우리의 무적 수비대가 막아 내지. 나의 세계는 바람 잘 날 없다. 이번에는 이웃 나라에서 공격해 온다. 하지만 역시나 우리의 멋진 수비대가 거뜬히 막아 낸다.

그렇게 갖고 싶었던 장난감. 탱크, 전함, 전투기 따위의 프라모델을 만들던 회사 이름이 아카데미과학이었다. 며칠 전 그 회사 초대 회장의 부고를 뉴스로 접했다. 잠시 잊고 있었던 그 시절이 떠올랐다. 그 상자를 열고 싶어서 두근대던 마음이 여전히 문구점 앞을 서성인다. 아주 큰 전함 프라모델을 갖고 있었던 친구가 부러웠다.

내가 갖고 놀던 것 중 독일 기관총 팀 세트가 있었다. 아카데미과학에서 팔던 프라모델 장난감이었다. 조립을 하기 때문에 완성했을 때 뿌듯했다. 상자는 버리지 않고 훈장처럼 쌓아 두었다. 운명이었을까. 훗날 군대에선 기관총 사수를 했다.

그렇게 모아 두었던 조립식 장난감들은 다 어디로 갔을까. 두린 시절에도 세계가 있었다. 작산어른다 큰 어른이 되어도 여전히 프라모델 장난감을 모으는 경우도 있다. 그것도 어쩌면 일종의 향수일지도 모른다.

말장시

말을 잘하는 사람.
실속 없이 번지르르하게 말만 많은 사람.

나는 말몰레기_{말수가 적고 수줍음이 많은 사람}였다. 반대는 말장시라 부른다.

말을 잘 못해도 친구들 사이에서 놀림을 받거나 하지는 않았는데, 어른들은 걱정했다.

어렸을 때 내 동무 중에 말을 심하게 더듬는 아이가 있었다. 그의 부모는 아이를 데리고 병원에 다녔지만 나아지지 않았다. 병원에서는 이유를 알 수 없다고 말했다. 그러다 넋들이_{어떤 일로 놀라거나 이유 없이 아플 때, 넋이 몸에서 빠져나가 앓게 되었다 하여 "넋 들라"를 반복하면서 머리나 등을 쓰다듬어 정신적 치료를 하는 민간 의례}를 하니 금세 나았다.

나는 말을 잘 못하는데, 의외로 지역 라디오 방송에 패널로 여러 번 참여했다. 한번은 내가 그 라디오 PD에게 물었다. 말몰레기인 나를 패널로 쓰는 까닭이 무엇인지. 그는 이렇게 대답했다. "시인이잖아요."

시인이 되면 좋은 점이 있다. 옷을 좀 지저분하거나 남루하게 입어도 시인이니까, 하며 봐준다. 지각을 하거나 계산을 잘 못해도 시인이니까 그런 거라 여긴다.

말장시는 말을 잘하는 사람을 일컫는 말이지만, 제주에서는 이 말을 다소 부정적인 뉘앙스로 말한다. 말은 잘 못해도 오몽헌 몸을 움직여 일하는 사름사람을 더 높이 산다.

모살

모래.

제주에서는 '모래'를 '모살'이라 부른다. '살'이 붙어서 살아 있는 것만 같다.

한강 소설가가 노벨문학상을 받았다. 제주도 사람들은 4·3을 배경으로 한 소설 『작별하지 않는다』(문학동네, 2021)를 읽으며 위안을 얻었다. 피해자의 아픔을 인식하고, 진상 규명을 하고, 기억하고 위로하는 과정을 시적 산문으로 형상화한 작품이 고마웠다.

한강이 생각한 해원은 영화를 만들어 기억하는 일이다. 시, 소설, 영화로 기억하는 것. 제주4·3평화재단에서도 4·3 시나리오를 공모하고, 영화 제작을 지원한다. 4·3영화제가 해마다 열리는데 지난해 열린 제2회 제주4·3영화제는 연일 매진이었다.

제주작가회의에서는 해마다 4·3 문학 기행을 떠난다. 올해에는 『작별하지 않는다』의 장소로 추정되는 곳을 찾아보았다. 제주문학관에서 출발해 표선 백사장 한모살(집단학살터), 표선초등학교(토벌대 주둔지), 버들못(집단학살터), 가시리 새가름(잃어버린 마을), 토산 망오름, 거슨세미, 토산 향사 옛터(주민 집결지), 모자상, 표선면 4·3희생자 위령비, 주정공장수용소 4·3역사관 등을 다녔다. 오승국 시인은 이 길은 '인선의 길'이 될 거라고 말했다. 제주도 곳곳에 이와 유사한 장소들이 많다.

우리가 가장 먼저 찾은 곳은 표선 바닷가였다. 제주도에는 이름난 해수욕장이 많이 있다. 협재, 금능, 함덕, 중문 등. 그중에서도 표선해수욕장은 날물(썰물)일 때 백사장이 장관을 이루는 해수욕장이다. 마을 사람들은 이곳은 '한모살' 혹은 '당캐'라 부른다.

이곳은 설문대할망의 전설이 서려 있는 곳인데, 세명주할망_{설문대할망}을 기리는 당이 있다. 그 당이 있는 바다라 당캐라고 부른다.

'모래'의 제주어가 '모살'이다. 그래서 '한모살'은 '넓은 모래사장'이라는 뜻으로 추정된다. 토산리가 고향이고, 중학생 때는 그곳 바다에서 놀았다는 김연미 시인의 증언에 의하면 표선도서관 앞까지가 다 모래사장이었다고 한다.

표선도서관 버스 정류장에서 내리면 그곳이 바로 학살지이다. 4·3유적지 표지석이 있는데, 예전에는 그곳도 모두 모래사장이었다. 들물(밀물)일 때 도로 위로도 바닷물이 넘치는 것을 보면 더 넓은 백사장이었다는 것을 알 수 있다.

한강 소설 문학 기행을 나선 우리는 드넓게 펼쳐진 표선해수욕장을 보고 깜짝 놀랐다. 바닷가 풍경이 소설『작별하지 않는다』의 표지와 너무 닮았기 때문이었다. 바다 위에 드리워진 눈벽. 우리는 그곳에서 단체 사진을 찍었다. 발자국이 여기저기 찍혔다. 그 발자국은 기억을 위한 발자국들 같았다.

토산리, 가시리, 세화리 등 인근 마을 사람들이 표선백사장에서 학살을 당했다. 한모살은 늘 피에 물들어 있었다. 훗날 그곳에서 해수욕을 즐기던 사람들이 모래밭에서 사람 뼈를 발견했다는 흉흉한 소문이 돌았다고 한다.

이 해수욕장은 4·3 당시 가시리, 토산리 등 표선면·남원면 일대의 주민들이 학살된 곳이다. 이곳이 산남 지역 최대 학살지가 된 까닭은 이곳에 있던 면사무소와 초등학교에 군인이 주둔해 있었기 때문이라고 한다. 증언에 의하면 하루도 거르지 않고 백사장에서 총살이 집행되었다고 한다. 군인들뿐만 아니라 민보단은 죽창으로 주민들을 학살했다.

가시리에서는 최근 마을 공원에 4·3 위령비를 세웠는데, 그 위령비 옆에 지은 다리 이름이 '작별하지 않는 다리'이다. 사람들은 그 다리 앞에서 사진을 찍는다.

소설가 한강의 노벨문학상 수상으로 이곳은 최근 4·3 문학 기행의 대표적인 장소로 거듭나고 있다. 『작별하지 않는다』의 배경이 토산리, 가시리, 표선리로 추정되면서 이곳을 찾는 사람들도 많아지고 있다. 표선리에서 죽임을 당한 이들은 대부분 중산간 마을에서 끌려온 사람들이다. 토산리, 가시리 역시 중산간 마을이다. "성근 눈이 내리고 있었다."라는 문장으로 시작하는 이 소설은 중산간 마을에 유난히 많이 내리는 눈을 떠올리게 한다. 제주도는 남도이지만, 한라산 기슭에 있는 중산간 마을은 겨울에 눈이 많이 내린다.

제주공항에서 표선 가는 공항버스 121번이나 122번을 타고 표선민속촌에서 내리면 근처에 표선해수욕장이 있다. 제주시 시외버스터미널에서는 720번이나 720-1번으로 이동하면 된다.

서귀포 호근동이 고향인 소설가 오성찬은 4·3을 체험한 작가로서 4·3 소설을 많이 썼다. 더욱이 오성찬은 반석출판사를 운영하면서 마을 이야기를 책으로 내는 등 향토사학의 일을 수행하기도 했다. 이는 제주에 대한 집요한 탐구의 결과일 것이다. 1980년대부터 도내 마을 곳곳을 찾아다니며 만난 사람들을 인터뷰한 카세트테이프가 500여 점이 넘는데, 이는 제주민속자연사박물관에서 소장하고 있다.

발자국은 지워지지만, 기억은 지워지지 않는다. 기억은 기록되어 전달된다. 우리는 바닷가를 걸으면서 소설 얘기를 나누었다. 그것은 역사에 대한 이야기이다. 모살 위에 발자국이 남았다.

『작별하지 않는다』 뒷부분에는 참고 문헌이 표시되어 있다. 제주에서 오랫동안 4·3 진상 규명을 펼쳐 온 사람들이 만들어 낸 결과물이 곧 이 소설인 것 같아 제주 사람들은 뿌듯하다.

몸국
모자반국. 돼지고기를 삶은 육수에
불린 모자반과 함께 메밀가루, 배추 등을 넣어 푹 끓인 국.
제주의 대표적 향토 음식으로 경조사 때 주로 먹는다.

세이레에서 연극 〈오사카에서 온 편지〉를 봤다. 동명의 영화를 무대로 올린 건가 했더니 제목만 같고, 내용은 달랐다. 물론 원작의 배경을 빌려 왔다. 제주 4·3 당시 일본으로 갔다가 평생 고향으로 돌아오지 못한 사람들에 대한 이야기이다.

연극을 보러 가는 길에 눈이 내리기 시작했다. 이번 겨울에는 유난히 눈이 많이 내렸다. 한라산뿐만 아니라 바닷가 마을에도 눈이 꽤 내렸다. 일곱 살 아이는 눈이 와서 신났다. 동네 놀이터에 경사진 언덕이 있어서 그곳에서 썰매를 탔다.

갑자기 눈이 내려 지각하는 사람들을 기다리느라 연극은 십 분 정도 늦게 시작됐다. 영화관에서의 암전과 연극할 때의 암전은 분위기가 사뭇 다르다. 연극이 훨씬 긴장감이 많이 든다. 내가 배우도 아닌데, 초조해진다. 불이 켜지고, 마침내 연극이 시작되었다. 아내는 어떤 연극이든 다 재미있다고 말했다. 눈앞에서 연기를 하기 때문이라는 것. 말이 연기지 내 앞에서 호흡하며 말하는 것이기에 집중하게 된다. 삶의 한 부분을 보여 주는 것인데 어느새 내가 그 연극 속에 들어가게 된다. 연극이 시작되고 어느 정도 지난 시간에도 지각한 관람객들이 들어왔다.

연극의 한 무대로 등장하는 시츠코 식당이 인상 깊었다. 이 식당은 오사카에서 몸국과 고기국수를 파는 식당이다. 수십 년 동안 고향 제주도에 가지 않았지만 고향 음식을 기억하며 만들고 있었다.

제주도 사람들은 가족이나 친척 중에 일본에 가 있거나 일본에 다녀온 사람이 꼭 몇은 있다. 일제강점기에는 제주와 오사카를 오가는 배 '군대환(기미가요마루)'이 있었다. 재일제주인들은 오사카를 중심으로 공동체 사회를 형성했다. 자수성가한 사람들은 고향 마을에 기부를 했고, 마을에서는 그 돈으로 수도와 전기를 들여오기도 했다. 이를 기리는 비석이 마을회관 입구에 있다. 이들과 연루되어 훗날 간첩으로 몰린 경우도 여럿 있었다.

독립운동가 김문준은 오사카에서 재일본조선노동총동맹을 만들었다. 김문준은 "우리는 우리의 배로"라 외치면서 복목환(伏木丸)을 취항하였다. 이 무렵 제주의 사업가 박종실도 제주와 오사카를 오가는 배를 운항했다. 밝혀지진 않았지만, 박종실이 혹시 일본에서 항일 운동을 하는 사람들에게 군자금을 제공했던 것은 아닐까. 박종실의 아들 박경훈은 4·3 당시 제주도지사였고, 민관 합동 총파업에 앞장섰다. 하지만 그 당시 아들이 도지사일 정도라면 친일 경찰의 권력이 여전하던 시기에 그가 친일 권력과 결탁했을 가능성도 없지 않다. 아, 문학적 상상은 여기까지.

  나의 작은할아버지 현상추도 군대환을 타고 일본에 갔을 것이다. 작은할아버지는 징용을 갔다가 스무 살 나이에 폐결핵으로 목숨을 잃었다. 작은할아버지가 탄광에서 일했는지 어디에서 일했는지는 알 수 없지만, 먼지를 들이켜면서 몸국을 그리워했을 것이다. 그 베지근한기름진 맛이 깊고 진하면서도 담백한 몸국 한 사발이면 살 수 있을 거라 간절했을 것이다.

  연극에서 단역으로 등장하는 두 손님은 시츠코 식당에 와서 몸국을 주문했다. 전체 줄거리에서 큰 역할이 없어 보이는 둘이었다. 하지만 그들은 단골처럼 보였다. 몸국이 생각나서 들렀다고 말하는 것이 유일한 대사였다. 그렇게 제주의 음식을 찾게 만드는 따뜻한 힘이 좋았다.

  제주에서는 몸국을 소울푸드라 일컫는 사람들이 많다. 몸국이 아니라면 빙떡, 보말죽, 게우젓, 감저뺏데기절간고구마 등이겠다.

  나에게 소울푸드는 보말조베기이다. 엄마와 나는 바닷가에서 보말을 잡곤 했다. 그날 저녁에 엄마가 보말 넣고 끓여 준 수제비는 화북 바다의 맛이었다. 그때는 수제비가 지겨웠는데 지금은 그리운 것을 보니 나도 이제 나이가 들어 가나 보다.

  연극이 끝나고 밖으로 나오니 눈 세상이었다. 마치 어린 시절 눈을 떠 보니 유리창 밖이 하얗던 아침처럼 눈이 내려 하얀 밤이었다. 제주에서는 길에 눈이 쌓이면 길에 눈이 묻었다고 표현한다.

"길에 눈 묻엉 어떵 가질 건가."

누군가의 말이 들렸다. 그 말은 걱정 반 설렘 반이었다. 연극을 같이 본 아이는 눈 덮인 화단 안으로 뛰어 들어갔다. 다행히 큰길에는 차가 많이 다녀 눈이 녹았다. 오사카에서 온 편지에는 어떤 내용이 있을까. 고향에 대한 그리움으로 가득하겠지. 역사의 비극 속에서 사람들은 흩어지고 시간은 속절없이 흐른다.

물마중

해녀가 채취한 해산물을 그 가족들이 뭍으로 옮겨 나르는 일.

제주에서는 밀물을 '들물'이라 하고, 썰물을 '쌀물날물'이라 말한다. 섬이고, 물질을 하는 해녀가 있기에 물때에 관한 말들이 많다. 아침나절의 썰물은 '안물'이고, 한낮의 썰물은 '낮물'이다. 음력 22일과 다음 달 7일의 물때는 '아츠조금'이고, 음력 23일과 다음 달 8일의 물때는 '한조금'이고, 음력 24일과 다음 달 9일의 물때는 '무쉬'인 것과 같이 날짜별로 물때를 일컫는 말이 다 있다. 마을마다 조금씩 차이가 나기도 한다.

마라도 해녀들은 물질을 하다 상어를 만나면 "모여라, 모여라"라고 외친다. 상어를 피하기 위한 일종의 주문과도 같은 말이다.

물마중은 해녀가 채취한 해산물을 그 가족들이 뭍으로 옮겨 나르는 일이다. 나는 장모님이 해녀라서 여러 번 물마중을 해 보았다.

특히 나이가 많은 해녀들은 망사리에 マ득ᄒ가득한 해산물을 나를 힘이 없어서 가족들의 도움이 반드시 필요하다. 신기하게

도 해녀들은 물속에서는 힘이 더 난다.

물마중을 하다 보면 지나가던 여행객들이 신기하다며 고개를 빼꼼히 내밀고 구경을 하는 경우도 있다. 바다 위에 테왁이 동동 떠 있는 것만 보다가 해녀가 직접 뭍으로 걸어 나오니 신기할 것이다.

어떤 여행객은 물마중 일을 자처해서 나서기도 한다. 구젱기_{소라} 그득혼_{가득한} 망사리를 들고 낑낑대며 뭍으로 옮긴다. 간혹 해녀가 고맙다며 즉석에서 전복 하나를 손질해 주기도 한다.

장모님은 정방폭포 해녀이다. 물질이 없는 날에는 폭포 옆에서 해산물을 판다. 그 해녀의 딸인 김신숙 시인은 자신의 동시집 『열두 살 해녀』(2020, 한그루)를 그 해산물과 함께 판매한 적도 있다. 일종의 도슨트 투어 같은 상품이었다. 처음에는 안내를 하면서 판매했지만, 너무 자주 연락이 와서 그만두었다.

물무르
수평선.

처음엔 소도리_{소문}로 접했다. 금능리 바닷가에서 이병헌을 봤는데, 영화를 찍는 모양이라고. 그 실체는 드라마 촬영이라는 말이 들렸다. 얼마 지나지 않아 엑스트라로 참여한 사람에게서 드라마의 제목이 〈우리들의 블루스〉라는 걸 듣게 되었다.

엑스트라로 참여한 승돈은 조카 정우의 고등학교 동창이다. 정우를 만날 때 가끔 본 게 인연이 되었다. 승돈은 편의점에서 일하면서 배우를 꿈꾸고 있었다. 가끔 보조 출연으로 아르바이트를 하는 것 같았다. 승돈은 차승원이 시장에 방문하는 장면을 찍을 때 뒤편에 본인이 있었다며 좋아라 했다. OTT 플랫폼이 보편화된 요즘은 시간 날 때 드라마를 보는데, 〈우리들의 블루스〉는 오랜만에 텔레비전으로 '본방 사수'한 드라마다.

전형적인 제주의 삶이 묻어나는 캐릭터와 이야기라는 점은 제주가 고향인 나와 아내의 흥미를 돋우기 충분했다. 우리는 드라마를 보며 훌쩍이는 걸 서로에게 들킬까 부치로와_{부끄러워} 고개 돌려 눈물을 흘렸다.

완성도가 높은 드라마를 '웰메이드 드라마'라고 하는데, 이 말을 제주어로 하면 '제라헌제대로 된 드라마' 정도가 되겠다. 〈우리들의 블루스〉는 제주도 토박이나 오래 살아야만 알 수 있는 제주도의 정서를 제라허게 표현했다.

제주 사람들의 모습을 투영할 수 있는 캐릭터가 등장하는 〈우리들의 블루스〉를 보며 제주도에 대한 관심도가 높아진 것을 새삼 느낄 수 있었다. 드라마에서 해녀 영옥(한지민 분)은 과거를 숨긴 채 거짓말쟁이로 불린다. 그리고 물질할 때 절대 해서는 안 될 과욕을 부린다. 해녀 삼춘들의 존다니잔소리에는 다 까닭이 있다. 나중에 해녀 삼춘들이 영옥의 아픈 과거를 알게 되면서 오해가 풀리긴 한다.

해녀들이 지닌 공동체 정신은 공생을 위해 형성된 오래된 관습이다. 해녀뿐만 아니라 척박한 제주 땅에서 살아야 했던 토착민의 특성상 이른바 '육지 것'이 상처받고, 섬사람과 갈등을 빚는 일은 실제 부지기수로 벌어진다.

드라마에서 동석(이병헌 분)이 삶을 힘들어하는 선아(신민아 분)에게 "뒤를 봐. 등만 돌리면 다른 세상이 있잖아."라고 말하는 장면이 있다. 제주에서 등을 돌리면 한라산 아니면 바다다. 박목월 시인은 제주도에서는 어디를 가나 수평선이 걸린다고 하면서 그 수평선을 '황홀한 띠'라 여겼다. 섬은 폐쇄적인 것 같지만 또 다른 세상으로 나갈 수 있는 통로 역할을 한다. 슬픔을 상쇄하는 수평선이 고요히 우리를 안아 준다. 제주도에서는 어디에서나

등만 돌리면 수평선이 있다.

솔직히 제주가 고향인 배우 고두심을 제외하곤 제주어를 사용하는 연기에 대부분 어색한 점이 있다. 조연이나 단역은 제주도 출신 배우를 썼으면 하는 생각이 들었다. 영화 〈봉오동 전투〉에서 제주 사투리를 맛깔나게 사용한 홍상표, 영화 〈뽕똘〉에서 영화감독 역으로 출연한 이경준, 영화 〈지슬〉에 출연한 제주 배우들 말이다. 그래도 꽤 자연스러운 제주어 구사로는 이병헌과 이정은을 들 수 있겠다. 둘 다 제주어의 억양을 유지하면서 특유의 뉘앙스를 자연스럽게 보여 준다.

제주어는 단순하게 제주어 낱말을 사용한다고 쓸 수 있는 게 아니다. 감정이나 상황에 따라 제주어의 있는 듯 없는 억양을 구사해야 핍진성을 잃지 않는다. 특히 인상적인 연기를 보여 주는 이정은은 드라마 촬영 전에 실제로 제주에 내려와 살았다고 한다. 아침 일찍 일어나 수산시장에 가고, 제주 시장 상인들을 보며 사투리를 연습한 보람이 TV 화면 밖으로 여실히 느껴진다.

제주에서 연극을 하는 H는 이 드라마를 첫 회 이후 안 봤다고 한다. 제주어가 너무 어색하기 때문이라고. 주위에 물어보면 두 부류로 나뉜다. 나처럼 그 정도의 제주어 실력이 고마운 사람이 있고, 하려면 더 충실한 제주어가 필요하다는 사람도 있다. 이 드라마의 애청자라면 적어도 '무사왜', '삼춘성별에 관계없이 자신보다 나이 많은 사람을 높여 부르는 말'을 또렷이 기억할 것이다. 일면 제주어를 알린 셈이다.

춘희(고두심 분)가 자주 하는 말 중에 "내불라게"가 있다. 나도 어렸을 때 어른들로부터 자주 들었던 말이다. 미련 갖지 말고 그냥 놓아 두면 순리대로 간다는, 거친 섬에서 체득한 가치관이리라.

오늘도 제주 사람들은 오몽허게_{부지런히 움직이며} 살아간다. "살암시민 살아진다"가 그냥 나온 말이 아닐 터. 둘이서 짝을 맞추고, 맞춘 짝끼리 또 연결을 지어 동그라미를 그리다 보면 우리의 삶도 섬처럼 둥글어질 것이다. 드라마 〈우리들의 블루스〉는 우리네 삶의 수평선을 보여 준다.

물애기
갓난아기.

　제주에서는 산파를 '애기할망' 또는 '애기 내우는 할망'이라 불렀다. 보리낭보릿짚을 깔고 애기방석태반이 다 나올 때까지 애기를 받아 준다. 삼승할망삼신할머니은 애기도 내우고 아이가 아플 때 넋들이도 했다.

　나는 어렸을 때 약간 참외배꼽이었다. 그런데 신기하게도 나이가 들면서 배꼽이 점차 들어갔다. 베또롱배꼽은 엄마와 나를 연결해 준 끈의 흔적이다. 베또롱은 엄마와 하나였던 때를 기억하고 있겠지.

　원도심 동시 교실에서 인형을 늘 안고 있는 한 아이가 있었다. 그 아이가 쓴 시 중에서 "힘들 때면 나를 안아 주는 인형"이라는 부분이 있다. 내가 인형을 안아 준다고 하지 않고, 인형이 나를 안아 준다고 여긴다. 효험이 분명 있는 게다.

　한림 애기할망의 증언에 따르면 하루에 열 명 이상 아기를 받을 때도 있었다고 한다. 그 아기가 온 날은 겨울이어도 따뜻했을 것이다.

제주에서는 아기를 물애기라 하고, 그 물애기가 입는 배냇저고리를 봇데창옷 또는 봇뒤창옷이라고 한다.

> 눈 내리는 저녁이었다 월림리로 아기를 받으러 갔다 초산이었다 산모가 숨넘어갈 듯 신음했다 다행히 산모도 아기도 건강했다 수술 가방을 보건소에 두러 가는데 또 연락이 왔다 이번에는 금악리였다 눈보라가 거세졌다 하지만 지금 아이가 봄을 향해 나오고 있지 않은가 눈 속을 뚫고 도착한 집에서 아이는 이 세상에 나왔다 자정이 지났는데 다시 눈길을 걸었다 하룻밤에 세 번의 빛을 본 날이다 눈이 정말 따뜻했다
>
> -「삼승할망의 밤」

멩글다

만들다.

　제주도는 화산 폭발로 멩글어졌지만, 이야기로 멩글어졌다고 말할 수도 있겠다. 유형뿐만 아니라 무형의 것들도 모여 존재가 되기 때문이다.

　마을지를 보게 되면 뒤쪽에 주로 실리는 마을 민담을 유심히 살피곤 한다. 설촌 유래와 연관된 이야기, 인물에 대한 이야기 등이 그 마을의 이야기로 전해 오는 것을 보면 흥미롭다. 그 마을 민담 중에서 제주도 전체에 퍼져 있는 게 바로 '제주 민담'일 것이다.

　김영란 시인은 4·3도민연대 활동을 하면서 구술 채록을 많이 했다. 그래서 마을지 제작에 참여하면서 마을 사람들의 이야기에 귀 기울였더니 어느새 구술 채록가가 되었다. 삼도이동, 일도일동, 봉개동, 서홍동, 중문동, 애월 물메마을 등의 마을지 만들기에 참여했는데, 마을 삼춘들의 이야기를 구술 채록한 것이 귀한 자료가 되었다.

　나는 어릴 적 신문을 읽을 때면 뒤쪽부터 읽었다. 정치보다

문화가 더욱 재미있었다. 사회면까지는 참다가 정치면이 나오면 덮어 버리곤 했다. 일연 스님의 『삼국유사』도 뒤쪽에 수록된 「기이 편」이 더 흥미롭지 않나.

마을에 남아 있는 이야기 중에는 아직 책으로 엮이지 않은 이야기들이 꽤 있다. 그리고 마을지에 실리지 못한 마을 이야기도 있을 것이다. 그런 이야기를 전승할 세대가 이제 거의 끊길 시기이기에 서둘러 제주의 마을 이야기를 채록할 필요가 있다.

애월읍 수산리 마을 이야기에 대한 글을 쓴 적이 있었다. 초고를 만들어 마을 사람들에게 보여 주었더니 오류도 문제였지만 더 중요한 것은 더 많은 이야기들을 언급하지 못했다는 점이었다. 간세호며_{게으름을 피우며} 취재한 것이 문제였다.

수산리는 제주도에서 흔치 않은 수몰된 마을 이야기를 품고 있다. 만약에 우리가 제주도의 마을 이야기를 기록하지 않는다면 제주도를 물에 잠기게 하는 것과 같을 것이다.

민담은 설화 중에서도 가장 서민적인 이야기라 할 수 있다. 장삼이사의 마음이 들어 있다. 그 이야기들이 모여 제주가 맹글어졌다.

조선 시대에는 저잣거리에 떠도는 이야기들을 채집하는 관리가 있었다지. 우리의 이야기는 얼마나 기록되어 있는 것일까. 과연 몇 퍼센트가 책으로 나온 것일까. 어쩌면 극히 일부일지도 모른다.

수많은 이야기들이 바람처럼 떠돌고 있다. 마을 이야기는 한

권에 다 담을 수도 없다. 아직 엮지 못한 이야기가 차고 넘칠 것이다.

제주어 마음사전2

2부

우정은 귤과 복숭아를 서로 주고받는 일

버렝이
벌레. 곤충.

 버렝이들도 제주어 이름이 있다. 며루는 멜위, 큰 진드기는 물케 부구리, 작은 진드기는 서미역, 반딧불이는 불란지, 나물 먹는 벌레는 송동이, 집게벌레는 줍제기, 바구미는 돗보리 등.

 애벌레들은 다 푸른빛이 돈다. 그 빛은 하늘에서 왔을까, 물에서 왔을까, 나무에서 왔을까. 우리의 어린 시절을 애벌레에 비유한다면 성충도 되기 전에 가 버린 애벌레가 에삭ᄒ다 애석하다. 푸른 애벌레가 나뭇잎을 기어간다. 오늘 하루 어디론가 무사히 건널 수 있을까.

 배를 타면 푸른 바다를 건널 수 있고, 비행기를 타면 푸른 하늘을 건널 수 있다. 차는 푸른 들을 건널 수 있다. 어딘가로 이동한다는 것은 푸른 시기를 건너는 일이다. 유년 시절을 건너오면서 떠오르는 사람들이 다 푸른 이끼처럼 빛난다.

 때로 건너는 일은 매우 중요하다. 위험한 일이기도 하다. 그리고 슬픈 일이 되기도 한다. 제주도에서는 '건너다'를 똑같이 '건너다'로 쓰기도 하지만, '넘다'라는 말을 더 많이 쓰는 것 같다.

'넘다'는 '건너다'보다 더 힘들게 건너는 말 같다. 높거나 경계가 있는 것을 넘는 일이기에.

어렸을 때 백과사전에서 본 낙타는 사막을 힘겹게 건너고 있었다. 그 낙타는 울음소리에도 발걸음 소리가 날 것 같았다. 훗날 어른이 되어 미술관에서 만난 임승천의 조각 작품 〈낙타〉(2008)는 유년 시절의 어두운 저편에서 쭈그리고 앉아 있는 옛 친구를 보는 듯했다.

우리는 이제 어른이 되어 성충이 된 걸까.

초등학교 동창 중에 진원이가 있다. 나랑 같은 골목길에 살던 그야말로 죽마고우인데 어렸을 때 일찍 부모를 여의었다. 진원이가 요즘 많이 아프다.

진원이는 제주에서 공연 기획과 진행 일을 하는데, 그 친구 덕분에 좋아하는 가수의 공연을 앞자리에서 볼 수 있었다. 그중 루시드폴 공연이 있었다. 너무 잔잔한 노래만 계속 불러서 약간 졸렸지만, 그 가수면(假睡眠)이 좋았다. 루시드폴은 제주도에서 귤 농사를 지으면서 노래를 한다. 부드러운 노래를 들려주는 루시드폴에게도 낙타의 시절이 있었을까. 루시드폴이 밴드 '미선이'로 활동했을 때의 노래를 들어 보면 그 노래들은 대개 낙타를 위한 송가이다.

낡은 우편함은 푸르게 녹슨다. 수많은 사연을 담아내고 있어야 하기에 푸른 세월을 견디는 것이다.

예전에 대전 살 때 젓갈을 실은 배가 갈대숲 사이로 들어오는 것을 보고 싶어서 강경에 간 적 있었다. 그날 강경의 파란 하늘이 떠오른다. 여기는 제주도니까 따뜻한 밥에 자리젓을 올려놓고 싶은 저녁이다. 오늘도 해가 서쪽 바다로 넘어갔다. 나의 버렝이 시절이 평생 기어서 여기까지 왔다.

진원이가 병이라는 그 사막을 무사히 건너기를 빈다.

리어카로 버스 놀이를 했다. 맨 왼쪽이 나, 그 옆에 지훈 형.

번구름
뭉게구름.

　제주어 중에도 구름을 칭하는 말이 있다. '번구름'은 수직운으로 뭉실뭉실 피어오른 뭉게구름을 뜻하고, '공쟁이구름'은 빗자루로 쓸어 날린 것처럼 갈고리 모양으로 뻗친 구름을 뜻하고, '광태구름'은 장마 뒤에 마파람을 타고 남쪽에서 북쪽으로 넘어가는 구름을 일컫는 말이다. 광태구름의 움직임을 보면서 장마가 걷힐 것을 짐작했다고 한다.

　어렸을 때 유리창 당번을 좋아했다. 입김을 후후 불며 마른걸레로 교실 유리창을 닦았다. 너무 깨끗해서 흡사 유리창이 없는 것처럼 보이면 흡족했다. 수업 시간에도 내가 맡은 유리창 너머로 창밖을 봤다. 운동장 끝 머쿠슬낭_{멀구슬나무}의 흔들리는 낭가지_{나뭇가지}가 다 보였다. 학년이 올라가고 교실 층이 높아지면서 하늘을 볼 수 있게 되었다.

　사람들은 찻집이나 식당에 가면 창가에 앉는 걸 좋아한다. 나 역시 그렇다. 창밖으로 하늘이 보이는 각도라면 정말 좋은 자리이다. 창밖으로 보이는 하늘 풍경엔 구름의 모양이 시시각각 바뀐다. 시간이라는 바람이 불어 구름이 흐르는 것만 같다.

왜 사람들은 풍경 좋은 자리를 좋아할까. 아마도 답답한 일상 중에 근사한 풍경을 보면 마음이 정화되는 느낌이 들어서 그러겠지. 찻집에 갔는데 창가 자리가 비었다면 운이 좋은 날이다. 그곳에 앉아 차를 마시며 명상을 해도 좋고, 책을 읽어도 좋다.

가끔은 회색 구름도 좋다. 곧 비가 내릴 것을 알려 주는 회색 구름을 보면 마음에 빗방울이 떨어지는 것 같다. 차가운 물이 내 마음을 가로질러 흐른다. 가만 생각해 보면 이 땅이 하늘처럼 위에 있는 것이고, 그 아래로 구름이 흐른다고 생각하면 이 지구 참 묘하다. 그 구름은 어느 순간 강물이 되기도 한다. 회색 구름이 있는 하늘이 강물이 흐르는 강이다.

어떤 사람에게는 그런 하늘 풍경이 너무 반가울 수도 있다. 며칠 전 어느 사무실에 갔을 때의 일이다. 그 회사는 지역 출판사이다. 나는 그 출판사에서 책을 낸 인연이 있어서 가끔 들를 일이 생긴다.

그곳은 연말이면 도서 제작이 몰려 너무 바쁘다. 그래서 가급적 연말엔 방해가 될까 봐 피한다. 하지만 나 역시 관여하는 책이 있어서 연말이지만 출판사를 찾았다.

예상대로 직원들 모두 컴퓨터 앞에 머리를 박고 일에 집중하고 있었다. 문 여는 소리를 내는 게 미안해질 정도였다.

사무실 안에는 정적이 가득했다. 담배 연기 같은 뿌연 공기가 흐르는 것 같았다. 꼭 필요한 말만 파티션 너머로 아주 가끔 오갔다. 나는 커피를 마시며 기다렸다. 마침내 직원이 내 앞으로 와 의자에 앉았다.

"오래 기다리시게 해서 죄송합니다."

직원은 친절함과 건조함 중간 정도의 어조로 말했다.

"아닙니다. 바쁜 날에 온 것 같아 제가 죄송합니다."

나도 덩달아 상투적이면서도 상대를 배려하는 말로 대답했다.

날씨 얘기나 근황에 대해 말하고 싶었으나 사무실 분위기와 어울리지 않아 그만두었다. 만약에 그런 한가로운 말을 했다면 다른 직원들의 차가운 시선이 한꺼번에 모였을 것이다. 업무에 대한 얘기가 차분하게 오갔다. 모처럼 군더더기 없는 대화였다.

블라인드가 드리워져 있어서 한낮에도 환하게 불을 켰다. 창밖에 비가 오거나 무슨 상황이 일어나도 모를 공간이었다.

"그럼 잠시만 기다려 주십시오."

직원이 정중하게 말했다.

"네. 알겠습니다."

나는 엉겁결에 고개를 푹 숙이며 대답했다.

얼마 뒤 직원은 출력된 것을 갖고 다시 내 앞으로 왔다. 나는 고맙다는 말을 하며 일어섰는데 직원이 내가 건물 밖으로 나갈 때까지 배웅을 했다. 어쩌면 그는 나를 핑계 삼아 회사 밖으로 잠시만이라도 나가 바람을 좀 쐴 심산이었을 것이다.

그때였다. 내가 출입문을 열고 밖으로 나갈 때 따라온 직원이 혼잣말을 했다.

"아, 구름 예쁘다."

종일 사무실에서 앉아 일한 직원은 모처럼 하늘을 보고 감탄을 한 것. 나도 덩달아 하늘을 보니 그 구름이 있는 하늘 풍경은 여느 하늘 풍경과 크게 다르지 않은 평범한 회색 구름의 모습이었다. 석양이 질 무렵이라 빛에 물들어 조금은 붉은빛도 도는 하늘이었다.

모처럼 보는 하늘 풍경이 예쁘다고 말한 것인데, 그 말이 내게 오래 남아 있다. 하얀 구름도 아니고 회색 구름을 보며 예쁘다고 생각한 적이 나는 많지 않다. 이렇게 고마운 하늘인데, 그 고마움을 잊고 살았다.

그 직원은 동굴 속에서 지내다 오랜만에 나온 사람처럼 세상 풍경에 눈부셨을 것이다. 평범한 늦은 오후의 하늘 풍경에도 감탄했을 것이다. '아, 구름 예쁘다.' 이 말이 자꾸만 떠올랐다.

늘 보는 풍경이지만, 그 풍경을 보기 힘든 사람에게는 무척 근사하게 보일 수 있는 것이다. 매일 겪는 평범함이 누군가에는 특별함이 될 수 있다.

윤동주는 거울을 닦으며 반성했다. 거울을 통해 자신을 들여다보듯 우리는 모두 마음의 창을 하나씩 갖고 있는 게 아닐까. 탁한 유리창이라면 유년 시절 유리창 당번처럼 그 유리창을 닦아야 할 것이다.

컴퓨터의 표준 운영체제는 윈도우, 창이다. 우리가 컴퓨터를 켰을 때 모니터 화면에 떠오르는 바탕 화면은 유리창 밖 세상을 보여 준다. 마이크로소프트에서 만든 이 시스템의 로고 모양은 창문을 형상화했다. 컴퓨터로 창문을 열어 다른 세상을 내다본다는 의미일 것이다.

가장 많이 사용되는 윈도우 바탕 화면은 잔디밭 언덕 너머로 뭉게구름이 있는 푸른 하늘이 펼쳐져 있는 풍경이다. 마치 창문을 열어 바라본 듯한 모습이다. 그 풍경을 보면 답답했던 마음이 조금은 풀리게 된다. 비록 가상의 풍경이라도. 이 운영 체제를 개발한 사람은 종일 컴퓨터 앞에 앉아 일하는 사람의 답답함을 처음부터 예상했던 것일까. 그런 이미지로 만든 것일까. 사람들은 좋아하는 풍경이나 인물 사진을 바탕 화면에 넣는다. 그 사진을 보며 마음의 창을 열어 두는 것이다.

오늘 내 마음의 유리창 너머는 어떤 풍경일까. 오늘은 모처럼 바닷가 풍경이 그리운 날이다. 오는 주말에는 바닷가에 다녀와야겠다.

뭉게구름은 그 하얀 솜사탕 같은 구름이 햇빛을 받아 반짝일 때 더 아름답다. 미야자키 하야오도 구름을 좋아한다. 가끔 제주 풍경과 일본 풍경이 비슷할 때가 있는데, 섬이어서 그런 것 같다.

볼레낭
보리수나무.

제주도 바닷가 마을 중에서 오소록헌_{으슥한} 마을에 가면 왠지 마음이 따뜻해진다. 보목리, 대평리, 대수동, 평대리 등. 바닷바람이 파도쳐 들어와 고인다.

보목리에 있는 보목초등학교에서 시 창작 교실을 진행했다. 보목리의 옛 지명은 볼레낭개이다. 보리수나무가 많아서 그렇게 불렸다고 한다. 실제로 보리수나무가 드문드문 보인다. 마을 이름이 한자로 바뀌지 않았다면 보목초는 볼레낭개초가 되었겠다.

제주도에 있는 초등학교 이름들을 그 마을의 옛 이름으로 다 바꾸면 어떨까. 그러면 보목초는 볼레낭개초, 위미초는 쉐미초_{떼미초}, 삼양초는 감물개초, 제주동초는 건들개초, 제주서초는 한두기초, 한림초는 한수풀초, 창천초는 포시남마루초가 되겠다.

처음에는 좀 혼란스럽겠지만 마을의 옛 이름을 생각하기 좋을 것이다. 예부터 제주 마을을 살린 것은 용천수였다. 그런데 근대에 이르러 마을의 용천수 역할을 학교가 맡았다고 해도 과언이 아니다.

마을에 학교가 있어야 사람들의 이야기가 만들어진다. 학교가 사라진 마을은 너무 쓸쓸하다. 아이들 웃음소리가 들리지 않는 마을은 적막하기 그지없다. 폐교를 아무리 획기적인 아이디어로 활용한다고 해도 아이들이 있는 학교만 하지 않다.

2023년에 나온 『소리 ᄀ득 볼레낭개 아이덜』을 비롯, 볼레낭개초에서는 해마다 제주어 동시집을 내왔다. 이 책은 볼레낭개초 아이들이 쓴 제주어 동시를 모았다. 할머니나 할아버지로부터 제주어를 들으며 자란 아이들도 있고, 이주해서 제주어를 거의 모르는 아이들도 있다. 각자의 상황에서 제주어를 접하고, 뜻을 찾는 모습이 아꼽다 사랑스럽다.

큰큰호 빙애기 에염에
게염지영, 송동이영
베렝이덜
모다들엄수다

동모 구하젠게

1학년 박인후의 이 동시 「빙애기」는 병아리와 그 주위의 벌레들에 대한 내용인데, 약자의 편에서 친구를 구하려는 마음을 담았다.

> 황고지는 어디서
> 남싱고?
> 비 소굽에 이서싱고?
> 땅 소굽에 이서싱고?

2학년 양호진은 동시 「황고지」를 통해 무지개가 어떻게 생기는 것인지 궁금해한다. 비가 그치면 무지개가 생기고, 무지개 한쪽 끝은 저 먼 곳의 땅으로 이어져 있어서 이렇게 상상했나 보다.

> 데이지는 그자 데이지주게
> 이쁘지
> 이쁘면 데이지
> 데이지는 독새기 색깔이주
> 잘도 이쁘지

3학년 임나율의 동시 「데이지」다. 데이지는 국화과의 꽃이다. 데이지가 예쁘다고 생각한 임나율은 까닭 없이 데이지가 예쁘다고 생각한다. 우리가 이유 없이 누군가를 좋아할 수 있는 것처럼 말이다.

> 줍녜는 바당이 기려운가 보다
> 아시날도 오널도 바당에 간다

물숨이 안 무습나 보다
줌녜는 늴도 바당에 갈 거여
줌녜는
기려운가 보다
바당이

4학년 한서윤은 동시 「줌녜」에서 해녀가 바다에 물질하러 가는 것은 바다가 그립기 때문이라 여겼다. 힘든 바다 일을 하면서도 바다가 그리워 매일 간다는 것인데, 그 그리움은 가족을 위하는 마음이겠지.

보목리에는 '섶섬지기'라는 마을 카페가 있다. 서홍동 솜반천 마을 카페 '솜반내 풍경'의 시냇가 풍경도 좋지만, 이곳은 섶섬을 마주한 풍경이 근사하다. 해마다 봄이면 보목리 자리 축제가 열리는데, 보목리 자리돔은 부드럽기로 유명하다. 서귀포 바다 풍경을 굽어보려면 제지기오름에 오르면 되고, 책 한 권의 오후를 사랑하려면 보목꿈터작은도서관에 가면 된다.

그리고 보목리에는 소천지가 있다. 바닷가에 있는데 맑은 날에는 한라산이 물에 비쳐 보인다고 한다. 나는 몇 번을 찾아갔지만 한라산이 물에 반영된 모습은 보지 못했다. 잘 아는 사람에게 들어보니 위치와 각도가 중요하다고 한다.

우리가 제주어로 시를 쓰는 것은 소천지에 반영되는 한라산처럼 우리 마음에 반영된 제주의 이야기를 잘 보기 위해서일 것이다. 위치와 각도에 따라 물에 비친 한라산을 보여 주듯 제주어로 위치와 각도를 간그당 보민_{헤아리며 살피면} 근사한 제주도를 품은 모습을 보여 줄 것이다.

지훈 형 1학년, 나는 가짜 1학년. 형 따라 학교를 가겠다고 우겨서
명찰도 만들고, 수업도 듣고, 소풍도 따라갔다.
교장 선생님이 이 모든 것을 다 봐줬다고 한다.

부름씨
심부름.

열두 살이었다. 뭐 특별히 잘하는 게 없던 나는 심부름이 특기인 줄 알았다. 그 무렵 내가 들은 거의 유일하게 추구리는추켜올리는 말은 부름씨를 잘한다는 말이었다. "야이, 부름씨 ᄒ난 잘 헴저이이 아이, 심부름 하나는 잘하네."

동네 근처에 어묵 공장이 있었다. 오백 원짜리 동전 하나 들고 나는 어묵 한 봉지를 거뜬히 사 왔다. 공부도 못하고 운동도 못하던 나는 전국소년체전에 심부름 종목이 있었다면 학교 대표로 나갔을 것이다.

어떤 사람들은 심부름이 무싱거 경무엇 그렇게 어려운가 할 테지만, 가만히 생각해 보라. 결코 쉬운 일이 아니다. 심부름을 시키는 사람을 만족시키는 게 가장 기본인데, 이 점을 간과하는 경우가 많다. 어차피 내 일이 아니라며 안일하게 생각하기 쉽다. 붕당붕당웅잘웅잘 볼멘소리를 하며 어거지로 수행하는 경우도 많으니 말이다.

심부름은 신성한 일이다. 심부름은 공공의 안녕을 지키는 일이며, 가족의 평화는 심부름을 무난히 실행했을 때부터 시작된다. 마치 나비 효과처럼 심부름 하나가 세계 평화를 지킬 수 있는 것이다.

엄마가 내게 상점에 가서 간장을 사 오라고 심부름을 시키면, 우선 엄마의 마음부터 헤아려야 한다. 엄마는 내게 '간장'이라는 항목만 알려 준다. 엄마가 평소에 자주 쓰는 간장이 무엇인지 파악하며, 지금 어떤 음식을 만들려고 하는데 간장이 마침 떨어진 것인지 눈치 빠르게 확인한다. 그리고 언제 어떻게 쓸 것인지 헤아리면서 임무를 완수한다. 그러면 맛있는 저녁을 먹을 수 있다.

알녘집아랫집에 원호네가 살았다. 원호네와 우리 집은 이웃이었다. 나는 두 집을 오가며 부름씨를 했다. 주로 음식을 날랐고, 가끔 생활 도구도 날랐다. 엄마는 조베기수제비를 맛 좋게 했다. 원호네 엄마는 감저빼데기를 잘 만들었다.

원호는 나보다 세 살 아래였는데, 우리는 각자의 집에서 막내였다. 우리는 올레큰길에서 집까지 이르는 골목를 통로로 하여 문물을 나누었다.

"알녘집이 다녀오라."

엄마가 나를 부르면 나는 그릇에 담긴 음식을 들고 알녘집에 갔다. 내 심부름 사전에 실패는 없다. 물웅덩이를 밟고 미끄러지면서 나자빠진 적 있었지만, 끝끝내 나는 그릇을 부여잡고 수평을 유지했다. 간혹 음식 냄새가 코끝을 자극해 한 개 정도를 슬쩍하고 싶은 마음이 들 때도 있지만 꾹 참는다. 그것은 심부름꾼의 자존심이 걸린 문제이기 때문이다. 무사고 택시 운전사의 자부심과 비슷하다. 일종의 직업 윤리라고 할까.

하지만 내 심부름 사전에 실패가 오르게 된 일이 있었다. 원호 위에 누나가 있었는데 나랑 갑장이었다. 이름은 복선. 얼굴이 정말 복스럽게 생긴 아이였다. 심부름을 갔을 때, 열린 문으로 복선이가 보이곤 했다. 복선이는 춤을 추다가 나를 보고 멈추기도 하고, 만화책을 보며 키득거리다가 나를 보고 책을 덮었다. 추물락끔쩍 놀란 복선의 볼이 붉어졌다.

우리 집 제삿날에 원호 아버지가 온 적 있다. 음복을 하면서 몇 잔의 술을 마시던 원호 아버지가 우리 아버지에게 말했다.

"택훈이영 복선이영 스무 살 넘으민 결혼시키주마씀."

"경허카. 경 해불주."

아버지가 갈갈갈 웃었다. 취중 농담이었겠지만 혼담이 오가는 말을 들으며 나는 귓불이 뜨거워졌다.

그날 이후로 나는 복선이가 보이면 괜히 피했다. 문제는 부름씨를 할 때였다. 엄마가 여느 날처럼 알녁집에 다녀오라고 했는데, 나는 심부름꾼의 자부심을 버리고 거절한 것이다.

"무사 졸바로똑바로, 제대로 해 오당 영함샤."

엄마가 나를 나무랐지만, 나는 복선이와 마주칠까 봐 전전긍긍했다. 내 속내를 모르는 엄마가 야속했다. 엄마의 존다니를 들으며 나는 알녁집으로 걸음을 내딛었다. 스무 걸음이면 도착하는 거리가 아득히 먼 곳 같았다. 그릇을 엎어 버릴까, 하는 생각도 들었다. 다리가 후들거렸다.

겨우 도착한 나는 슬쩨기(살그머니) 문을 두드렸다. 원호 목소리가 들렸다. 원호가 현관문을 열어 줬다. 나는 원호가 무척 반가웠다.

"아무도 어시맨?"

내가 족은(작은) 목소리로 원호에게 물었다.

원호가 고개를 끄덕였다. 나는 그제야 숨을 크게 내쉬었다. 그때 갑자기 방문을 드르륵 열며 한 사람이 거실로 나왔다. 복선이었다.

"택훈이 완?"

으악. 나는 현관문을 쾅 닫았다. 평소에 내 이름을 부른 적도 거의 없었는데, 그날따라 내 이름을 선명하게 불렀다. 나는 다시 집으로 후닥닥 달렸다. 숨이 찼다. 그런데 문제는 내 손에 그릇이 그대로 들려 있었다는 것.

엄마가 나를 의아한 눈으로 봤다.

"아직도 안 강 몽케는(몽그적거리는) 거?"

내 손에 들린 그릇을 보며 아직 출발도 하지 않은 것으로 안 것이다.

"아니, 가신디 집에 아무도 어서."

나는 거짓갈(거짓말)로 둘러댔다. 나의 심부름 역사에 큰 오점을 남겼다.

제주도 옛날 집은 바람이 많아 집을 낮게 짓는 건축 특성이 있다. 알녁집도 길보다 조금 낮게 땅을 파서 지은 집이다. 그 집 마당에서는 부름바람이 들어왔다가 가라앉았다. 그 집 마당에는 빨랫줄이 있었는데, 그 집 앞을 지날 때 빨래를 너는 복선이와 눈이 마주친 적도 있었다. 나는 고개를 확 돌렸다. 그리고 몇 해 지나 복선이네는 다른 동네로 이사했다.

알녁집에 끝내 전해 주지 못한 것이 있는데, 그 마음을 결국 전하지 못한 채 세월이 흘렀다. 스무 살 넘어 우리 집도 이사를 했다. 몇 년 전 다시 찾은 동네에는 우리 집도 알녁집도 그대로 있었다. 그때 심부름 잘한다는 칭찬을 듣고 우쭐대던 소년도, 내게 손짓하며 밝게 웃던 소녀도 없는 곳이지만, 우리 집과 알녁집 사이에 난 올레에는 일곱 살 정도로 보이는 아이가 혼자 킥보드를 타고 씽씽 바람을 가르고 있었다.

제주여상을 졸업하고 바로 서울에 간 누나가 모처럼 집에 와서 찍은 형과 나.

베릿내

중문 천제연폭포 부근 선녀다리 아래를 흐르는 하천의 하류.

별도천(화북천)의 옛 이름.

　베릿내를 한자로 쓰면 성천(星川)이다. 중문천 하류와 별도천의 옛 이름이 베릿내이다. 별빛이 내려와 흐르는 것으로 보일 정도로 아름다운 풍경이라니. 탐라가 별을 베리멍_{바라보며} 항해했던 나라였기에 별에 관한 낭만이 있는 것일까. 별이 떨어져 기름진 땅을 '벨진밧'이라 하고, 새별오름은 '저녁 하늘 샛별과 같이 외롭게 서 있다' 하여 이름이 붙었다.

　같은 섬에서 같은 지명이 꽤 있다. 구좌읍 세화리도 있고, 표선면 세화리도 있다. 금능 앞바다에도 비양도가 있고, 우도 옆에 있는 작은 섬 이름도 비양도이다. 베릿내는 중문에도 있고, 내 고향 거로마을에도 있다.

　거로는 제주시 화북2동에 있는 마을이다. 어렸을 때 기억으로는 마을 몇 군데에 듬돌이 있었다. 제주에서 듬돌은 힘 대결을 할 때 쓰는 큰 돌이다. 갈등이 있을 때 이 듬돌을 들 수 있는 자의 손을 들어 주었다고 한다. 싸우는 것에 비하면 무척 평화적 규칙이다. 전쟁 대신 올림픽을 하면서 나라 간의 갈등이 조금이나마

해소되는 것처럼 말이다.

이제 고향 집에는 다른 사람이 사니까 모처럼 고향 마을을 찾으면 베릿내라 부르기도 했던 별도천을 거닌다. 멀쩡한 길을 놔두고 별도천을 선택했다. 내가 두린아이(어린이)였을 때도 그랬다. 내창(하천)을 따라가는 길이 더 재미있기 때문이다.

별도천은 제주도의 여느 건천에 비해 물이 많은 편이다. 물웅덩이들은 제각각의 이름이 있다. 수도가 들어오기 전에는 그곳에서 빨래를 했다고 들었다. 초등학생 시절 나는 동네 아이들과 함께 원남수(원남소)에서 맨들락 벗고 헤엄을 쳤다.

별도천은 민물고기가 꽤 잘 잡히는 곳이었다고 한다. 지금도 드물게 민물고기들이 보인다. 별도천을 따라 가다 보면 원명선원이 나온다. 나는 그곳에서 손오공처럼 뛰어다니다 수계(受戒)를 받았다.

근처에 있는 일본 진지동굴은 놀이터였다. 지금은 붕괴 위험이 있어서 출입이 금지됐다. 별도봉은 소풍 때 자주 가는 곳이라서 길을 잘 알고 있었다. 산에서 뛰놀다 무리에서 떨어진 나는 산지등대가 보이는 언덕에 주저앉아 멍하니 바다를 바라보았다. 수평선 너머가 궁금했다.

별도봉은 4·3 때 봉화가 처음 오른 곳이고, 바닷가 쪽으로 내려가면 잃어버린 마을 곤을동이 있다. 여름방학이면 아이들과 함께 놀던 화북 바다와 별도봉 사이에 있던 마을. 나는 이 마을의 존재를 서른 살 넘어서야 알았다. 시를 쓰기 시작하면서 접하게 되었다. 그곳을 거닐다 아이들이 뛰노는 환상을 보았다.

그 환상을 바탕으로 쓴 시가 「곤을동」이다. 별도천이 내게 시를 쓰도록 했다고 말해도 과언이 아니다. 할아버지도 아버지도 나도 별도천에서 유년 시절을 보냈다.

정군칠 시인도 중문 베릿내가 시를 쓰게 했을까. 중문관광단지가 들어서기 전에는 베릿내 하류 바닷가에 열두 가구의 작은 어촌이 있었다고 한다. 하지만 개발이 이루어지면서 마을은 사라지고, 지금은 이름만 남았다. 정군칠 시인은 작고하여 베릿내에 잠들었다.

초등학교 졸업식. 아버지와 푸른 한복의 어머니.

벨
별.

    제주도립미술관에서 〈아파기 표류기〉 전시를 봤다. 아파기는 탐라국의 왕자였다. 『일본서기』에 등장한다. 기록된 자료가 거의 없다 보니 대개 상상을 형상화하여 전시했다. 이 전시는 표류의 융합과 충돌이 새로운 문화를 형성한다고 보여 준다. 아파기가 일본에 다녀온 이후 천 년 넘게 흐른 뒤 아파기는 전설 속 인물로 제주해협을 건넌다.

    제주도 바닷가에서 주운 해양 쓰레기들도 전시했다. 이 바다 쓰레기가 아파기와 무슨 관계가 있을까, 생각하겠지만 해류를 생각하면 연관이 있다. 바다를 통해 씨앗이 이동해 곳곳에 퍼진 식물들이 표착한 땅에서 조금씩 다른 모양으로 성장하는 모양도 우리네 삶을 보여 준다. 일본으로, 북간도로, 우즈베키스탄으로, 하와이로, 멕시코로 우리는 표류했다.

    지구의 70퍼센트는 물이라고 한다. 깊은 땅속에 물이 가득하다고. 물의 순환이 이루어지기에 지구는 생명을 유지할 수 있다. 우리 몸 역시 70퍼센트는 물이라는데, 우리는 평생 표류 중이다.

그 옛날 탐라의 배들은 다른 나라에 갈 때 밤하늘의 별을 이정표 삼아 항해했다.

나는 지금 어디로 흘러가는 중일까. 저 별을 등대 삼아 간다.

'별의별'을 제주어로 하면 '베라벨'이다. 서귀포 지역 도서관 책 축제 이름이 '베라벨 책정원'이다. 책이야말로 삶의 항해에서 별과 같은 역할을 한다.

제주도가 북제주군과 남제주군으로 행정 구역이 나뉘었을 때 초저녁에 버스를 타고 제주시에서 세화로 가는데, 조천에 이르자 별이 보이기 시작했다. 그때 메모한 문장이 '조천부터 별이 뜬다'이다. 도시의 불빛 때문에 별을 볼 수 없는 제주시를 지나 비로소 북제주군에 이르러 별을 볼 수 있는 것이다.

김녕 마을에서 '제주도의 푸른 밤'을 본 적 있다. 풍경을 캔에 담을 수 있다면 김녕의 밤 풍경을 담고 싶다. 제주의 바다와 하늘이 경계 없는 풍경을 보여 주듯 제주 마을의 밤은 검푸른 하늘이 내려와 머무르곤 한다. 우리는 먼 별을 바라보곤 하지만 우리가 사는 이곳 역시 별 아닌가. 이 별 또한 아주 먼 미래로 여행 중이다.

아파기 외에도 최부, 장한철 등 제주도 관련 표해록이 전해 온다. 결국 세상의 모든 책들은 다 표해록이다. 별이 지표가 되어 빛나고.

벨롱벨롱
여러 가지 색이 알락달락한 모양. 불빛이 반짝이는 모양.

기억 속 불빛을 생각하면 고향 마을 상점 불빛이 떠오른다. 그 불빛 속에 어린 시절이 들어 있다. 마을은 상점을 중심으로 빛을 내고 있었다. 우리는 마을 점방에 기대어 살았다. 벨롱벨롱 빛나는 그 불빛의 수혜를 입었다.

상점 커튼이 젖혀 있으면 문을 연 것이고, 커튼이 쳐져 있으면 문을 닫은 것이다. 그때는 대부분 상점에 딸린 방에서 그 가게 주인 식구들이 살고 있었기에 사생활 보호가 필요했을 것이다. 저녁이면 커튼이 닫힌 채 상점이 불빛을 내고 있었다. 그 앞을 지날 때 두런두런 말소리가 들리기도 했다.

내가 살던 거로마을에는 상점이 무려 세 곳이나 있었다. 웃동네 둘, 알동네 하나. 한 곳은 간판이 그냥 '남양체인'이었고, 다른 두 곳은 간판도 없이 운영했던 것 같다. 그때는 점방이라 불렀다. 우리 집은 마을 가운데로 큰길이 날 때 즈음 용담으로 이사했다.

그런데 나보다 한 살 많은 형에게 전화를 걸어 물으니 세 상점 모두 간판이 있었다는 것이다. 누구 기억이 맞는지 모르겠다. 형은 가게 이름이 다 있었는데, 기억이 나지 않는다고 말했다. 형과 나는 초등학생 시절 함께 지넹이지네를 잡아 상점에 팔았다. 그 지넹이를 약방에 맡겨 한약 재료로 쓴다고 들었다.

이번에는 같은 골목에 살던 진원에게 물었다. 역시나 이름을 기억하지 못했다. 그래도 위치는 정확히 기억하고 있었다. 지금 거로마을 양 갤러리 근처 삼거리에 두 곳의 상점이 있었다. 상점 한 곳에는 내 또래의 아이가 있어서 가끔은 그 애가 가게를 보곤 했다. 그 애가 있으면 괜스레 부끄러워 다른 상점에 갈 때도 있었다.

지금 편의점에 웬만한 게 다 있듯 그때도 상점에는 식료품은 물론이고, 문구도 팔고, 약도 팔았다. 나는 햄을 좋아했다. 햄을 사서 도시락 반찬으로 만들곤 했다.

어린 시절, 그 상점에서 나의 가장 큰 관심사는 뽑기 스티커였다. 요즘 포켓몬 빵 스티커가 유행하듯 그때는 86 서울 아시안 게임, 88 서울 올림픽 스티커가 유행이었다.

금메달리스트를 다 모으면 그 상점에서 선물을 받는 식이었기에 나는 그때 친구들과 함께 그 스티커 모으기에 사활을 걸었다. 최고 선물은 천체 망원경, 그다음으로는 현미경, 쌍안경 등이어서 모험을 걸 만했다.

천체 망원경은 마치 먼 우주의 별처럼 상점 맨 위 꼭대기 상자에 담겨 있었다. 그것은 빛을 내면서 코풀레기코흘리개들을 유혹했다. 그 꿈의 상품은 손에 닿을 듯 닿지 않았다. 스티커 판에 해당 금메달리스트 스티커를 붙이는 식이었는데, 유독 한두 개의 스티커가 잘 나오지 않았다. 그때 금메달을 땄던 유도 선수 이름이 지금도 기억난다.

우리는 하굣길에 모여서 각자의 스티커북을 보여 주었다. 띄엄띄엄 빈 곳을 들여다보며 같은 스티커가 나오면 서로 맞교환했다. 그 무렵 북두칠성이나 카시오페이아 별자리를 익힐 때였는데 우리에게는 그 스티커북이 별자리처럼 빛났다.

그 천체 망원경 때문에 별을 동경하게 됐다. 훗날 어른이 되어 별빛누리공원에 갔을 때는 그야말로 감개무량했다. 저 먼 밤하늘에서 빛나는 별은 끝내 내 손에 들어오지 않은 스티커처럼 너무 멀리 있었다.

기억도 별처럼 저 멀리서 빛나고 있는 것 같다. 우리가 그 기억을 잊어버리면 그 별은 빛을 잃어버린다. 거로마을에 있었던 상점이 빛을 내면서 기억 속에 있다. 거로 궨당(권당)을 만날 일이 있을 때 그 상점 이름을 물어보아야겠다. 누가 아는가. 그 별의 비밀이 밝혀질지 말이다. 지금은 없는 그 상점의 불빛이 제주 밤바다의 한치잡이 배처럼 베롱베롱 빛난다.

밤에 산책을 할 요량으로 바닷가를 거닐면 멀리 어선 불빛들이 반짝인다. 그 불빛들은 마치 별빛 같다. 김수열 시인은 어렸을 때 그 불빛을 보고 정말 별인 줄 알았다고 한다. 제주 밤 바닷가를 거닐면 처연한 마음에 골몰하게 된다.

흘러간 것들은 모두 벨롱벨롱 빛난다.

어머니의 금악국민학교 졸업 사진.
앞에서 두 번째 줄 여학생 중, 오른쪽에서 두 번째가 어머니.

사름
사람.

  탐라 시절 제주에서는 베트남을 안남국이라 불렀다. 제주도 관련 표류기에 보면 안남국이 종종 등장한다. 장한철의 『표해록』을 보면 바다에 빠진 장한철 일행이 안남국 상선에 구조되는 얘기가 나온다. 탐라는 무역 국가로서 유구국(오키나와)이나 안남국 등과 두루 교류했다.

  내가 사는 동네에 베트남에서 시집온 사람이 살고 있다. 내가 그 사람을 처음 본 것은 동네에 있는 마트에서였다. 장을 보고 있는데, 어눌한 말소리가 들려 고개를 돌려봤다.

  "아…어…, 밀…가…루, 있…습니까?"

  한눈에 봐도 외국인으로 보이는 얼굴이었다. 베트남 새댁은 당연히 한국의 물품이나 마트 시스템에 대해서 잘 모르기 때문에 이것저것 여러 번 질문을 한 것인데, 마트 직원이 귀찮다는 듯 짜증을 내는 것이 아닌가.

  "그만 물어보고 살 게 있으면 카운터로 갖고 오세요."

  마트 직원이 한국말이 서툰 새댁에게 신경질을 내고 있었다.

마트 직원의 표정은 차가웠다. 작은 체구의 새댁은 어색한 한국 말로 묻다가 고개를 떨구었다. 만약에 고객이 한국 사람이라면 그렇게 반응할 수 있었을까.

내가 나서서 그 마트 직원에게 뭐라 말하려고 했지만, 그만두 었다. 괜한 오지랖일 수도 있고, 그 마트 직원도 일이 힘들어서 그럴 수 있겠다는 생각도 들었다. 내가 그 사람에게 가서 밀가루 가 어디 있는지 알려 줄까, 하는 생각도 들었지만 그것도 용기가 나지 않아 그만두었다.

그가 베트남에서 왔다는 건 식당에서 알게 되었다. 한 식당에 들렀는데 그 사람이 직원으로 일하고 있었다. 다른 한국 직원과 오가는 대화에서 그가 베트남에서 왔다는 걸 알 수 있었다.

"베트남 어디가 고향이야?"

"하노이 공, 항, 에서 내려서 차로 두우, 시, 간 정도……."

고향을 묻는 말에 그는 마치 약도를 설명하듯 고향 가는 길을 대답했다. 고향에 대한 그리움이 물씬 묻어 있는 말이었다. 고향 말을 하면서 허공을 쳐다보며 눈을 끔벅거렸다.

그는 친절했지만 주문을 잘못 이해하는 경우가 종종 있었다. 소주를 주문했는데 엉뚱한 것을 갖고 오기도 했다. 그 모습을 보 니 안쓰러웠다.

재작년에 서귀포에 있는 다문화가족지원센터에서 글쓰기 강 의를 한 적 있다. 필리핀, 중국, 베트남, 라오스 등 그들이 온 나 라는 다양했다. 그들은 제주의 문화에 관심이 많았다. 내가 영등할망을 말하면서 영등할망은 바람의 여신이라고 하니까 베트남에서 온 사람이 손을 번쩍 들어 베트남 옛날이야기 중에도 바람의 여신이 있다고 말했다. 사람 사는 곳이면 다 이야기가 깃드는 법이다. 어디든 크게 다르지 않다.

시를 쓰고 그림을 그리는 시간이었다. 어떤 사람은 수상 가옥에서 살았는데, 집 앞에서 배를 타고 나가 배를 탄 채 수상 시장에서 물건을 팔았다고 한다. 그 모습을 시로 쓰고 그림을 그렸는데 체험이 들어가서 그런지 시와 그림이 모두 근사했다.

그들이 쓴 글을 모아 한 갤러리에서 전시를 했다. 개막식 날 그들은 각 나라의 전통 의상을 입고 왔다. 모두 얼굴에 설렘이 가득했다. 특히 아이들 앞에서 자랑스러워했다.

"이게 엄마 작품이야."

아이에게 본인의 작품을 설명하고, 작품 앞에 서서 가족사진을 찍었다. 아이도 엄마의 그런 모습을 보며 흐뭇한 표정을 지었다.

예전에 버스 정류장에 서 있었는데 어떤 백인 외국인이 내게 영어로 물어왔다. 잘 알아들을 수 없었지만 대충 함덕해수욕장에 가려면 몇 번 버스를 타야 하는지 물어보는 내용인 것 같았다. 나는 어설픈 영어로 대답을 하려다 그냥 한국말로 모르겠다고 말했다. 내가 한국말로 대답하자 그는 고개를 절레절레 흔들었다.

우리는 외국에 가면 그 나라의 언어를 쓰려고 노력한다. 그런데 그 외국인은 영어로 물으면 영어로 대답할 거라 생각한 모양이다. 그 사람 국적은 모르겠지만, 우리는 대개 미국 사람이라고 하면 높이 보고, 동남아시아 사람이라면 함부로 대하는 의식이 있다. 영어면 다 통용될 거라 여기는 것은 오만한 생각이다.

최근에는 그 베트남 새댁을 거의 못 봤다. 다른 동네로 이사를 간 걸까. 베트남 아내에게 폭력을 가하는 한국인 남편들이 많다는데, 상처만 안고 다시 고향으로 돌아가 버린 건 아닌지 모르겠다.

베트남이나 한국이나 다 사람 사는 곳이다. 사람은 혼자 살 수 없다. 서로 의지하며 도우며 살아야 한다. 만약에 그 베트남 새댁을 만나게 된다면, 용기 내어 밝게 웃으며 인사할 것이다.

"신 짜오!(안녕하세요!)"

어디를 가나 다 사름사람 사는 곳이다. 이사해서 살고 있는 거라면 그 동네에서는 동네 사람들과 어울려 행복하게 지내면 좋겠다.

산남

서귀포 지역을 지칭하는 말.
제주시는 산북, 산뒤, 산앞이라 구분하기도 한다.

    제주도를 라디오에 비유하자면 산북이 AM이고, 산남은 FM이다. 제주시를 산북, 서귀포를 산남이라 부른다. 같은 제주도이지만 한라산을 사이에 두고 기후 차이가 난다. 서귀포가 몇 도 더 따뜻하다. 제주시에서 비가 내릴 때 서귀포에는 내리지 않는 경우도 많다. 물론, 그 반대일 때도 있고. 제주시에서 청명한 날에 우산을 들고 다니는 사람은 서귀포 사람이다.

    서귀포 가는 길에 남은 거리 수 16km를 나타낸 이정표가 있는데 그걸 보고 서귀포에서는 시속 16km로 달려야 할 것 같다는 마음이 들 정도로 서귀포는 프로방스 같은 곳이다. 서귀포에서는 시간이 천천히 흐르는 것만 같다.

    지금은 제주시에 살고 있는데 서귀포에서 몇 년 살았다. 이상하게 서귀포시라는 말은 잘 안 쓰고, 그냥 서귀포라 부른다. 서귀포에서 살던 몇 년이 마치 이제는 없어진 라디오 FM 프로그램 같다. 아련하면서도 따뜻한 기억으로 남은.

    따뜻한 서귀포는 국내 동계 전지훈련의 최적지이다. 선수단

이 경제에 도움이 되니 시청에서 유치에 신경을 쓰기도 한다.

제주대학교 연수원도 서귀포에 있다. 휴양을 겸한 심포지엄은 주로 서귀포 연수원에서 치른다. 행사가 끝나고 밖에 나가 올려다본 하늘에 밤구름이 흐르고 있었다.

아내와 서귀포 단칸방에서 살았다. 주인집과 마당을 함께 쓰는 밖거리(바깥채)였다. 그 집 앞 길 건너 모퉁이에 작은 편의점이 있었다. 가족 모두가 시간을 나누어 가게를 보고 있었다. 밤에는 손님이 없어서인지 주인은 계산대 아래 이불을 펼쳐 놓고 잠을 자곤 했다. 밤에 출출해서 편의점에 갔는데 주인이 계산대 아래에서 잠을 자고 있으면 깨우기 미안할 때도 있었다.

"저기예, 사장님."

이불을 뒤척거리는 것 같은데, 일어나지 않으면 재차 불렀다.

"양(여보세요), 사장님!"

내 목소리를 듣고 사장이 몸을 일으켜 세웠다.

서귀포는 왠지 가게 딸린 방이 어울린다. 나의 꿈은 가게 딸린 방을 갖는 것. 방에 들어앉아 벽에 직산ᄒ고(기대고) 있으면 손님이 와서 부른다. "양." 그 소리가 들린다고 바로 고개를 내밀면 안 된다. 한 세 번 정도 불렀을 때 마지못해 일어서는 부스럭 소리를 낸 뒤 미닫이문을 드르륵 열고서는 고개를 내밀어 상대를 뻰주룽이(빤히) 보며 말한다. "무싱거 찾암수광?" 손님이 찾는 것을 말하면 고갯짓으로 가리켜 설명한다. 그것은 주인장의 특권이다. 서귀포는 그래도 될 것 같다.

어제는 FM이고, 오늘은 AM이다. 추억은 FM이고, 현실은 AM이다. 언젠가는 우리 모두 FM 라디오가 될 것이다. 주파수를 돌리면서 그 시간을 다시 잡으려고 헤아릴 것이다. 그렇다고 AM을 싫어하는 것은 아니다. 삶에서 AM을 들어야 FM을 꿈꿀 수 있다. 제주시에서 서귀포로 넘나들 때 실제로 라디오 주파수도 바뀐다.

처음 금성 카세트 라디오를 샀을 때 AM만 있는 줄 알았다가 밤에 주파수를 돌리다 FM으로 넘어간 적이 있었다. 따뜻하면서도 왠지 쓸쓸한 그 FM의 세계를 처음 만났을 때를 잊지 못한다. 라디오를 켜니 마침 이문세의 노래 〈깊은 밤을 날아서〉가 흐른다.

제주교대 재학 시절의 외삼촌 홍기찬. 우리 집 밖거리에 살면서 내게 음악을 들려주었다. 첫 시집 『지구 레코드』는 일찍 세상을 떠난 외삼촌에 대한 헌사였다.

산물 1
용천수.

 산물은 산에 있는 물이 아니라 살아 있는 물이라는 뜻이다. 제주도 바닷가 마을에는 으레 용천수가 있다. 제주도 마을은 대개 이 산물을 중심으로 생겨났다.

 공천포의 옛 이름은 공샘이다. 공천포는 물이 좋기로 유명해서 관청에서 제사를 지낼 때 공천포 물을 사용했다는 기록도 있다. 공천포 샘물의 이름은 영등물이다. 깨끗한 물이어서 그런 것도 있지만 신적인 효험을 믿었던 것 같다. 공천포가 고향인 김진희 씨한테 들은 바에 따르면 농작물을 풍요롭게 하는 영등할망이 깃든 물이 영등물이다. 삼양 검은모래해변이 많이 알려졌지만, 공천포 모래도 검다. 모살왓이라 부르는 그곳에서 모래찜질 후 영등물로 몸을 씻으면 신경통과 잔병들이 낫는다고 한다.

 곤을동에도 산물이 있다. 덕수물, 안드렁물 등이 마을 사람들을 살렸다. 곤을동 가는 길은 차를 직접 몰고 간다면 오현고등학교 옆길로 들어가서 바닷가 쪽으로 가면 된다. 버스를 타고 간다면 오현중고등학교 버스 정류장에 내리면 된다. 한라산 쪽으로 가면 화북공업단지와 거로마을이 있고, 바닷가 쪽으로 가면 바다와 만나는 곳에 곤을동이 있다. 아니면 별도봉 장수산책로를 따라 북동쪽 바닷가로 가다 보면 곤을동이 나온다. 지금은 안내판이 있어서 쉽게 찾을 수 있지만, 몇 년 전만 해도 안내판조차 없어서 그곳이 곤을동인지 알 수 없었다. 풀숲이 우거져 있어서 마을의 모습을 찾기 어려웠다.

4·3에 대한 진상 규명이 이루어지면서 당시 초토화 작전으로 사라진 마을들을 '잃어버린 마을'이라 부르기 시작했다. 대부분 제주도 중산간마을에 있다. 해안에서 5km 이상부터 한라산 쪽에 있는 지역에 있는 사람들은 폭도로 간주해 총살했다. 토벌대는 말린 새띠를 쌓아 놓은 눌노적을 찔러 대고, 집에 불을 질렀다. 이때 초토화 작전으로 중산간마을이 거의 다 불탔다. 훗날 재건한 마을도 있지만 끝내 재건하지 못한 마을들을 잃어버린 마을이라 부른다. 현재 확인된 잃어버린 마을이 100여 곳이 넘는다.

곤을동 근처에는 지금도 환해장성의 흔적이 남아 있다. 환해장성은 외적의 침입을 막기 위해 바닷가에 세운 성곽이다. 곤을동 환해장성은 고려 시대에 지어졌다. 오랜 세월 고난의 역사를 지나온 이야기가 환해장성에 서려 있다. 조선 중기 문신 김상헌은 『남사록』에서 환해장성을 '탐라의 만리장성'이라 표현했다. 제주성처럼 장성 위에 올라가 활을 쏠 수 있었다.

곤을동이 있는 화북은 조천과 함께 조선 시대 제주의 대표적인 포구였다. 이 포구로 중앙의 관리들이 드나들었다. 그래서 화북에도 비석거리가 조성되어 있다. 비석거리에 건립된 비석들의 주인공은 하나같이 탐관오리들이 많았다. 그런 비석을 돌로 던진 것이 비석치기의 유래라는 이야기는 많이 알려져 있다.

곤을동은 화북천이 바다를 향해 흐르다 별도봉 동쪽에서 두 갈래로 나뉘는 곳에 자리했다. 하천 안쪽의 안곤을, 하천과 하천 사이의 가운데곤을, 그리고 밧곤을 등으로 이루어진 마을이었다.

곤을동에서는 덕수물, 안드렁물이라는 용천수를 식수로 사용했고, 마을에 공회당도 있었다고 한다. 지금도 돌담과 말방앗간 흔적을 확인할 수 있다. 가난하지만 서로 도우며 살아가던 반농반어 마을이었다.

하지만 1949년 1월 4일 비극의 바람이 들이닥쳤다. 군인들에 의해 집들이 불타고, 주민들이 목숨을 잃었다. 설촌된 지 칠백 년이 넘는 유서 깊은 마을은 그렇게 사라졌다. 하루아침에 목숨을 잃은 곤을동 마을 사람은 스물네 명이다.

나는 화북2동(거로마을)이 고향이다. 어렸을 때 동무들과 별도천을 따라 내려가면 곤을동 앞 바닷가에 다다랐다. 그곳에서 보말, 깅이제도 잡고, 헤엄도 쳤다. 하지만 그곳이 4·3 비극이 일어난 곳인 줄 몰랐다. 어른이 되어 뒤늦게 찾은 그곳에서 나는 옛날 곤을동 아이들이 풀밭 위를 뛰노는 환영을 보았다. 내가 어린 시절에 놀았던 것처럼 수십 년 전 그곳에서 놀던 아이들이 당연히 있었을 것이다. 그 아이들을 떠올리며 쓴 시가 「곤을동」이다.

"풀숲을 헤치면서 아이들 뛰어나올 것만 같은데" 바로 그 마음이었다. 이 시로 나는 제1회 4·3평화문학상을 받았다. 그 상을 받고 나는 무척 부끄러웠다. 제주의 선배 시인들이 오랫동안 4·3 시를 써왔는데, 이제 막 4·3 시를 쓰기 시작한 내가 받으니 몸 둘 바를 모르겠더라. 이때 심사 위원이 신경림 시인이었다. 신경림 선생에게 고마움을 전했어야 했는데, 끝내 전하지 못했다.

지난 5월에 작고한 신경림 시인을 한 번도 만난 적이 없다. 문학 행사장 먼발치에서 한 번 본 것이 전부다. 하지만 나는 신경림 시인의 은혜를 두 번 입었다. 한 번은 지용신인문학상, 두 번째는 4·3평화문학상. 둘 다 신경림 시인이 심사 위원이었다. 부족한 나의 어깨를 두드려 준 분이다. 솔직히 두 편 다 세련되게 쓴 시가 아니라서 시집에 넣지 말까, 고민할 정도였던 작품인데, 이런 '못난 놈'의 시를 선택해 준 선생의 마음을 오늘에야 생각한다. 한강 소설가에 이어 우리나라에서 노벨문학상을 누가 받는다면 신경림 시인처럼 우리 삶의 한을 다독이는 그런 시인이 받지 않겠나. 이렇게 쓰고 얼마 지나지 않아 신경림 시인은 우리 곁을 떠났다. 문학의 샘물 하나가 말라 버린 순간이다.

4·3항쟁은 신축항쟁처럼 제주도 민중들의 저항이었다. 신경림의 시 「농무」에 흐르는 정서와 상통한다. "꺽정이처럼 울부짖"은 역사가 있다. 1949년 1월 4일 군인들은 곤을동 집집마다 불을 붙이고, 마을 사람들 열 명을 별도봉 바닷가로 끌고 가서 총살했다. 그리고 화북지서로 끌고 간 열네 명을 하룻밤 지나 화북 연대 근처 모살불에서 또 총살했다. 어떻게 울부짖지 않을

수 있는가.

 최근에 곤을동 끝 바닷가에 산책로가 들어섰다. 그날의 슬픔을 아는지 모르는지 사람들이 그 산책로를 걸어 다닌다. 그래도 바닷가 마을 느낌이 있었는데 산책로가 나면서 그 느낌이 조금 없어졌다. 그리고 제주항의 손길이 곤을동 앞바다까지 뻗쳐 왔다. 대형 화물선이 정박해 있는 모습을 보면 그 중압감에 곤을동은 눈을 질끈 감아 버릴 것만 같다.

 얼마 전 제주시 애월 공초왓에서 4·3 희생자로 추정되는 유해가 발굴됐다. 4·3은 현재 진행형이다. 4·3 희생자는 3만여 명으로 추정되고 있다. 일가족 전체가 몰살당했으면 유족이 없어서 훗날 신고도 못 하고, 육지나 일본으로 도피한 경우 끝내 소식이 없는 사람도 있고, 행방불명된 사람들도 부지기수다.

 제주에서는 몇 해 전에 '제주 4·3 희생자 유해 발굴 및 신원 확인을 위한 유전자 감식'을 시작했다. 유해가 있어도 가족을 찾지 못하는 경우가 있기 때문이다. 도내뿐만 아니라 대전 골령골, 광주형무소 옛터, 전주 황방산, 경산코발트 광산, 김천 등 도외에서도 유해 발굴이 이루어지고 있다.

 지난 9월 제주작가회의 회원들은 김남주 시인 30주기 문학제에 참여하고자 해남에 갔다. 나도 마침 사무처장을 맡고 있어서 따라갔다. 김남주 생가에도 가고, 심포지엄도 보고, 시극 〈은박지에 새긴 사랑〉도 관람했다. 김남주 문학 정신을 가슴에 안고 우리는 여수로 갔다. 한화 공장에 있는 14연대 주둔지[1]에 가서

둘러보고, 여수 만성리 형제묘 앞에서 해설자의 떨리는 목소리를 들으며 끝내 회원들은 울었다.

1948년 10월 20일, 제주 도민을 죽이라는 명령을 받은 여수의 군인들이 명령에 불복종하자 여수 시민들은 이순신 광장에 모여 혁명 과업을 채택하고 시가행진을 했다. 구국의 상징인 이순신의 이름으로 지은 그곳이 동포를 학살하라는 국가에 저항한 장소가 되었다.

여수와 제주를 오가는 여객선이 있다. 탐라의 건국 신화에 등장하는 벽랑국은 전라남도 완도군에 속한 소랑도에 있던 작은 섬나라로 추정된다. 전남 장흥과 강진 사이를 흐르는 탐진강의 이름은 탐라와 연관이 있을 정도로 남해안은 제주와의 친연성이 있다.

그 물결이 곤을동 바닷가에 와 닿는다. 4·3 문학의 현장은 한 곳에 가더라도 여러 곳을 떠오르게 한다. 제주도 전체가 4·3 문학의 현장이듯 우리나라 전체에 민중의 아픔이 서려 있다.

제주의 용천수들은 대개 해안 쪽에 있어서 제주의 마을들은 자연스럽게 그 용천수 주변으로 형성되었다. 나는 제주에서 시를 쓰면서 이미 제주에서 글을 써 온 선배 작가들로부터 수혜를 받았다. 그들이 제주 문학의 용천수이다. 우리가 계속 제주를 이해하고, 제주에 대해 기록한다면 그 산물은 마르지 않고 계속 솟아나리라.

---

1   1948년 10월 19일, 제주 4·3사건 진압 명령을 거부한 14연대 일부 병사들이 봉기를 일으키며 여순사건이 시작되었다.

산물 2
진귤. 제주 재래 귤 중 하나.

 서귀포는 귤이 노랗게 익으면 우체국이 바쁘다. 상품은 작목반을 통하지만 지인들에게 보내는 귤들은 주로 우체국으로 부치기에 귤 수확이 한창일 때는 서귀포 지역의 우체국들마다 귤 상자가 가득 쌓여 있기 마련이다.

 그 귤을 받는 사람들은 대개 타지에 나가 있는 가족, 친척이거나 인연이 되어 아는 사이가 된 사람들이리라. 나는 육지에서 귤을 받아 본 적은 없지만 충분히 상상할 수 있다. 택배가 와서 귤 상자를 열면 집 안이 밝아질 것이다. 며칠 동안은 귤을 계속 먹느라 손톱이 노래질 것이다.

 귤밭에서는 일손이 부족해 외국인 계절 근로자 제도도 생겼다. 동남아시아에서 일하러 온 사람들이다. 제주도에서는 해마다 200여 명의 외국인 계절 근로자가 귤 수확기에 일을 한다.

 제주에서 차를 타고 다니다 귤을 가득 실은 트럭이 보이기 시작하면 겨울이 온다는 것을 알게 된다. 눈 묻기 전에 귤을 다 따야 한다.

나도 가끔 뭍에 사는 지인에게 귤을 보내곤 한다. 의성에 사는 재준에게 귤을 보낸 적 있다. 흔한 귤이기에 좋아할까 걱정도 됐는데, 잘 받았다는 연락에는 기쁨이 들어 있어서 다행이었다. 그리고 이듬해 재준은 나에게 복숭아를 보냈다. 그 복숭아는 무척 탐스러웠다.

재준과 나는 문학 모임에서 만나 지금까지 인연을 이어왔다. 우정은 귤과 복숭아를 서로 주고받는 일이다. 귤 향기 가득 실어 보내면 복숭아 향기가 바다를 건너온다. 귤이 회수를 건너면 탱자가 된다고 하는데, 귤이 바다를 건너면 복숭아가 된다. 귤과 복숭아는 그림엽서와 같다.

귤 중에는 산물이 있다. 제주도 재래 귤이다. 산귤 혹은 진귤이라 부른다. 금귤보다 조금 더 크지만, 우리가 흔히 보는 온주귤보다는 훨씬 작다. 조선 시대에 임금에게 보낸 귤도 이런 귤이었을 것이다. 그 작고 여린 귤들이 서로 어깨동무를 하고 한양까지 갔으리라.

진귤의 껍질은 한방에서 '진피'로 불리며 진피차는 감기를 예방하고, 체내 독소를 없애 준다고 한다.

내가 구상 중인 동화 중에 「임금님의 감귤 밭」이 있다. 구상만 몇 년째다. 『탐라순력도』에 그려진 〈감귤봉진〉을 보고 이야기가 떠올랐다. 그림은 박들 화가가 그려 주기로 약속했는데, 귤만 까먹으면서 시간을 보내는 중이다.

"할아버지가 앓아눕자 나는 내창ᴴᴬ 건너 귤밭 산물 생각이 더욱 간절해졌다." 첫 문장만 썼다.

산전

마을에서 멀리 떨어진 산중에 있는 밭.
4·3 인민유격대장 이덕구와 산사람들이 머물던 곳을 산전이라 부르기도 한다.

 꽃잎과 나뭇잎은 이불이 되어 제주의 산을 덮어 주었다. 제주도에서는 돌과 바람에도 4·3이 깃들어 있다고 말한다. 제주도 곳곳에 4·3의 아픔이 서려 있기 때문이다. 제주도를 여행한다면 먼저 4·3평화공원에 방문할 것을 추천한다. 그래야 제주도를 더욱 깊고 넓게 마주할 수 있을 것이다. 역사는 우리 삶의 과거이자 현재이며 미래다. 문학 현장으로 제주도를 만난다면 풀꽃 한 송이도 그냥 지나칠 수 없을 것이다.

 이 섬 어디를 가나 4·3의 현장이다. 4·3의 이야기가 피처럼 스며 있다. 그중에서 이덕구산전은 4·3 당시 인민유격대 사령관이었던 이덕구가 이끄는 무장대가 머물던 곳으로 알려진 곳이다. 그곳은 북받친밭이라 불리는 곳인데, 이덕구산전 혹은 그냥 산전으로도 불린다.

 이덕구산전에 가려면 먼저 사려니숲길에 가면 된다. 버스를 타고 간다면 제주시에서는 212번이나 222번을 타고 516도로로 가다가 사려니숲길 버스 정류장에서 내리면 되고, 만약에 281번

버스를 탔다면 교래입구 버스 정류장에서 내린다. 그곳에서 동쪽으로 난 비자림로로 걸어가다 비자림로 교래입구 버스 정류장에서 예의 버스로 환승하면 된다. 한 정류장 거리이기 때문에 걸어가도 된다. 사려니숲길을 걷다가 천미천이 나오면 그 맑은 물 한 번 들여다보시라. 산전에서 산사람들이 식수를 구했던 곳이 바로 그 천미천이다. 천미천은 흙붉은오름과 성널오름 사이 골짜기에서 발원하여 동쪽으로 흐르다 방향을 조금 틀어 남동쪽으로 흐르다 두 갈래로 갈라졌다가 표선면 하천리 바다에서 다시 만난다. 이 하천의 흐름이 제주의 세월 같다.

천미천 지나 화장실이 나오는데 화장실 지나 숲길로 들어간다. 이런 곳으로 사람이 다니나 싶을 정도로 꽤 풀이 무성한 곳이다. 조금만 더 들어가면 봉개리 4·3 관련 유적지 안내판이 있다.

혼자 걸으면 길을 잃을 수 있어서 가능한 두 사람 이상 같이 가는 게 안전하다. 제주도는 곶자왈이나 오름 같은 곳에서 핸드폰이 안 터질 수 있기에 주의가 필요하다. 제주민예총이나 제주다크투어 같은 곳에서 리본으로 표식을 해 놓은 것도 있으니 도움이 될 것이다.

버섯 농장을 지나 조릿대 무성한 숲길을 지나면 천미천이 다시 나온다. 그 부분은 건천이기에 건너는 데 큰 무리가 없겠으나 꽤 험해서 서로 손을 잡아 줘야 한다. 그곳을 벗어나면 무덤 몇 기가 보이고, 더 깊숙이 가면 유격대가 비트나 참호로 썼을 법한 돌담이 나온다. 그곳에서 몇 걸음 더 가면 나뭇잎 사이로 햇살이 부서지는 산전이 나온다. 따라온 것인지 그곳에 늘 머물러 있는 것인지 까마귀들이 나뭇가지에 앉아 운다.

제주도 사람들은 살기 위해 산으로 갔다. 그 당시의 사진도 전해 오는데, 푸르른 한라산 아래 옹기종기 모여 있는 사람들의 모습은 불안과 평화로움이 교차한다. 아이들은 뛰놀고, 어른들은 먼 산을 바라보거나 얘기를 나눈다. 짊어지고 온 것을 나눠 먹으며 곧 내려갈 수 있을 거라 여겼을 것이다. 하지만 이들 중 대부분은 집으로 돌아가지 못했다.

4·3 당시 소개령이 내려졌을 때 바다로 갈 수는 없고, 산에 숨을 수밖에 없었다. 살기 위해 숨었는데 폭도가 되었다. 5·10 총선거를 반대하기 위해 입산한 사람들은 가족 단위가 많았다. 실제 당시 찍힌 사진은 마치 소풍을 나온 모습이다. 풀밭에 앉아 두런두런 얘기를 나누며 농사를 걱정하는 농부들, 학교 갈 일을 생각하는 아이들의 모습이다. 그렇게 입산한 남편을 따라 아내나 가족들이 뒤따라가기도 했을 것이다. 다시는 돌아오지 못할 길이라는 것도 모른 채.

수십 년 흘러 해마다 이덕구산전을 찾는 사람들이 있다. 현충일이 되면 충혼묘지가 아니라 그곳 이덕구산전을 찾는다. 제주민예총 사람들을 주축으로 한 제주도 예술가들이다. 김경훈 시인, 최상돈 가수 등이 그곳에 가서 제를 지낸다.

군경 토벌대를 피해 다니던 이덕구 부대는 1949년 3월 봄 이후 봉개리 북받친밭에 머물렀다. 앞서 이곳은 1949년 2월에 봉개

사람들이 토벌대를 피해 숨어 지내던 곳이다.

이덕구는 조천중학원 사회 교사였는데 김달삼에 이어 두 번째 인민유격대 사령관을 맡아 한라산에서 토벌대에 대항했다. 결국 1949년 6월 경찰과 교전을 벌이다 최후를 맞았고, 시신이 관덕정 광장에 매달렸다.

산전(山田)은 화전(火田)에서 나온 말로, 산에 머물면서 생활해서 그런 이름이 붙은 것으로 보인다. 지금도 찾아가 보면, 당시 움막을 지었던 흔적이 남아 있고, 그때 음식을 해 먹었던 그릇들이 깨진 채 발견되기도 한다.

산벚나무 꽃잎이 이불처럼 따뜻하게 덮어 주는 봄날에 산전에 다녀오면 북받쳐 앓게 된다.

산탈
산딸기.

 제주도에서는 딸기를 탈이라 부른다. 뱀딸기는 베염탈이나 게염지탈 등으로 부르고, 산딸기는 산탈이라 한다. 뱀딸기는 이름 때문에 뱀이 먹는 딸기라 여겼는데, 뱀딸기 있는 풀섶에 뱀이 있어서 그런 이름이 붙었다는 걸 덕분에 나중에야 알았다.

 제주도를 흔히 보물섬이라 부른다. 천혜의 자연 덕분에 활용에 따라 무궁무진한 가능성이 있기 때문이다. 그러니 보물섬에서 보물을 찾는 보물지도도 있을 것이다.

 여덟 살 아이와 산딸기를 찾아 돌아다녔다. 산딸기를 만나면 반가워 사진을 찍어 두었다. 산딸기는 해마다 그 자리에서 나니까 이듬해에 다시 찾아오자고 아이와 말했다. 그러려면 지도가 있어야 하니 '산딸기 지도'가 필요하겠다는 생각이 들었다.

 어렸을 때 아버지가 내게 삼동나무에 대해 알려 줬다. 초여름이면 까만 열매가 열렸다. 군것질할 게 없을 때 그 삼동을 따 먹었다. 그걸 따 먹으면 손과 입이 시커메졌다. 죠스바를 먹으면 입술과 혀가 검게 물드는 것과 비슷했다.

아버지는 그 삼동을 가지고 술을 담갔다. 그 삼동술은 귀한 사람이 오면 꺼냈다. 나도 살짝 맛보았는데 포도주와 맛이 비슷했다.

"아빠, 저기 산딸기 있다."

아이가 용케 발견하고서 손가락으로 가리켰다. 아이는 보물을 찾은 것처럼 기뻐했다. 나는 지도를 펼쳐 표시해 두었다. 이건 비밀인데, 몇 곳만 말하면, 별도봉 장수산책로에서 애기업은돌 가는 길가 풀섶, 화북 환해장성 바닷가 산책로에서 한라산 쪽 길가 풀섶, 서귀포 서호동 고근산 입구에서 시멘트길 따라가다 보면 개 짖는 소리 나는 곳 부근, 호근동 호근남로5번길, 서호초등학교 부근 철망 틈, 동홍분식에서 남주고 가는 길로 가다가 오래된 감귤창고 직전 골목길 등.

이렇게 온 섬을 다니면서 산딸기 지도를 표시하면 그야말로 보물 지도 아니겠는가. 아이와 나는 이듬해 봄에는 산딸기를 모아 잼을 만들어 보기로 했다. 참지 못해 입에 다 털어 넣어 버릴지도 모르지만. 제주의 보물은 돌코롬ᄒ다. 달콤하다

살레
찬장.

할머니는 냉장고 옆 수납장을 살레라고 말했다. 나는 그 말이 프랑스말인 줄 알았다. 할머니는 살레에 맛있는 것을 뒀다가 내게 주곤 했다. 살레에 사탕도 있었고, 꿀도 있었다. 할머니의 사투리는 다 이해할 수 없었다. 그래도 내가 학교 끝나고 집에 오면 몽마르카부덴 목마를까 봐 내게 물을 건네곤 하였다. 까치발을 하고 살레에 넣어 둔 사탕에 손을 뻗던 그때만 해도 살레가 정제 부엌에 이서신디 있었는데…….

살레는 나무로 만든 그릇장이다. 습기에 견딜 수 있도록 다리를 길게 만들었다고 한다. 미닫이문을 만들어 먼지나 벌레가 들어가지 못하게 한다. 맨 아래 칸 바닥은 대나무로 만들어 그릇에 묻었던 물이 저절로 밑으로 떨어진다. 자연식 식기 건조기인 셈이다.

음식을 운반할 때는 차롱을 쓴다. 차롱은 가는 대오리를 결어서 만든다. 담은 음식에 따라 밥차롱, 떡차롱, 적차롱이 된다. 차롱 뚜껑은 우착이라 하고, 차롱 바닥 부분은 알착이라 부른다. 그렇게 한 벌이다. 도시락은 동고량이라 부르는데, 요즘 같은 음

식 배달의 시대에 도시락 전문점이라면 동고량이라는 상호를 써도 되겠다.

좀 큰 도구를 나를 때는 구덕을 사용한다. 물론 담는 것에 따라 물구덕, 애기구덕, 떡구덕, 송키푸성귀구덕, 서답빨래구덕 등으로 칭한다. 특히 애기구덕을 보호하는 삼승할망은 구덕삼승이라 전해온다.

>살레에 넣어 둔 빙떡 먹고
>삥이 한가득 핀 벨진밧으로 가요.
>
>별이 내려앉아 벨진밧.
>별빛 가루 흩어진 그곳에서
>하늘강셍이처럼 놀아요.
>
>별이 내려앉아 흩어진 섬에 살아서
>땅강아지도 하늘강셍이.
>
>별빛 반짝이듯 반짝이는 섬.
>벨롱벨롱 제주어.
>제주어로 맹글어진 섬에
>살아요.
>
>-「은하수를 끌어당기는 한라산」

서툰바치
어떤 일에 경험이 없어 솜씨가 서툰 사람.

　장애인주간활동센터에서 시 수업을 한 적 있다. 수강생들은 모두 휠체어가 있어야 이동이 가능한 뇌병변 장애인들이다. 시를 모아 책을 냈고, 소극장을 빌려 출판 기념회를 열었다. 싸락눈 내린 날이었다. 막이 오르자 빛이 호흡 따라 흔들리는 것 같았다.

　소감을 말하는데, 수업에 참여한 한 사람이 더듬거리는 말로 말했다. 여섯 살까지 세브란스 병원에서 지냈는데, 그때 어린 환자들 앞에서 한 가수가 〈아빠와 크레파스〉를 불러 주었다고 한다. 그런 추억이 있어서 복을 많이 받은 아이라고 생각한다고. 아팠기에 사람들이 찾아와 노래를 불러 줘서 나는 복이 많았다는 말이 내 마음에 물결을 일으켰다.

　수업 시간에 수강생들은 작은 농담에도 크게 웃어 주었다. 대부분 노래를 좋아하며 감성적이어서 시 쓰기가 어렵지 않았다.

　그 시 수업이 속한 프로그램 제목에 '서툰바치'라는 말이 들어 있었다. '바치'나 '와치'는 앞말에 붙어 '그러한 특성을 가진 사람'

혹은 '그러한 일에 종사하는 사람'을 일컫는 말이다. 사농바치는 사냥하는 사람이고, 동냥바치는 구걸하는 사람이다. 노래와치는 노래를 잘 부르는 사람이고, 바농질와치는 바느질을 잘하는 사람이다.

그들은 서툰바치이지만 그래서 가능성이 풍부한 사람들이다. 출판 기념회에서 소감을 말하면서 나는 시 모음집에 참여한 사람들을 가리켜 이제 경쟁자가 더 늘었다고 했다. 사람들이 비지그랑이 방긋 웃었다.

셋하르방
둘째 할아버지.

　제주에서는 첫째는 '큰', 둘째는 '셋', 막내는 '말젯'이라는 접두사를 쓴다. 나는 고향 마을에서 운배 말젯놈으로 불렸다.

　어렸을 때 할아버지를 따라 소분(掃墳)을 했다. 제주도의 풍습은 추석날 성묘를 잘 하지 않고, 그 전에 벌초를 하고 제를 올린다. 모둠벌초라고 해서 궨당친인척들이 다 함께 모여 벌초를 한다. 벌초를 하는 시기에 벌초방학도 있을 정도로 벌초는 제주도의 의례 중에서 중요한 일이었다. 제주도 속담 중에 '식게 아니흔 건 놈 모르곡, 소분 아니흔 건 놈이 안다.'제사 안 한 건 남이 몰라도, 벌초 안 한 건 남이 안다.라는 말이 있다. 모둠벌초에 나오지 않으면 궐비어떤 일에 참여하지 못해서 내는 돈를 낸다.

　문중 묘지 말고 외따로 있는 산소가 있었는데, 셋하르방 산소였다. 할아버지에게 들은 바로는 셋할아버지는 스무 살 나이에 징용을 갔다가 병이 들어 귀국선을 탔다. 몇 개월 앓다가 숨을 거두었다. 자식이 없어서 할아버지가 맡아서 소분을 하고 있었다.

그 산소에는 단감나무가 한 그루 있었다. 우리는 벌초가 끝나면 단감을 따서 우적우적 씹어 먹었다. 땀을 흘린 터라 단감이 시원하고 달았다.

일본 마츠모토에 여행을 간 적이 있었다. 그곳은 만년설이 있을 정도로 높은 산이 있고, 온천으로 유명한 고장이다. 우리 일행을 태운 일본인 버스 기사가 여정에 없는 곳으로 가겠다면서 우리를 어느 오래된 건물 앞으로 안내했다. 여행 가이드를 통해 얘기를 들어 보니, 그곳은 일제강점기에 한국인들이 징용을 와서 일했던 화약공장이 있던 곳이라는 것. 그 버스 기사는 한국인 관광객을 위해 일부러 그곳에 가 주었던 것이다.

셋할아버지가 일본 어느 곳에서 병이 들었는지 나는 모른다. 마츠모토 어느 화약공장에서 일했을지도 모른다고 생각하니 환영 같은 게 보이기 시작했다. 셋할아버지가 그렇게 돌아가시고 할아버지는 운영하던 기와공장을 일제에 희사했다.

오사카 이쿠노구에는 한인 타운이 있다. 그곳에 제주도 사람들이 많이 산다. 일제강점기에 한국인들이 넘어가면서 생겼는데, 대부분 강제 이주였다. 셋할아버지는 오사카 어느 거리를 걸었는지도 모른다.

나는 언젠가부터 셋할아버지 이야기를 써야겠다고 마음먹었다. 그것이 어쭙잖게 글을 쓰는 이 말젯놈의 의무일 거라는 생각이 들었다. 셋할아버지처럼 이름 없이 사라진 사람들의 이야기를 누군가는 기록해야 한다. 그 임무를 주기 위해 글 쓰는 운명이 내게 온 것 아닐까.

가족사는 단지 사적인 추억이 아니라, 말하지 않으면 잊히고, 잊히면 없었던 것처럼 여겨지는 역사의 다른 이름이다. 작가에게 글을 쓴다는 것은 결국 '증언'의 또 다른 형식이다. 내가 셋하르방의 삶을 글로 남긴다면, 그는 비로소 누군가의 기억 속에 다시 살아날 것이다. 작가가 가장 먼저 마주해야 하는 이야기는, 거창한 이념도 아니고 시대도 아닌, 피와 땀으로 연결된 자신의 가족사라고 나는 믿는다. 그것이야말로 글을 쓰는 첫 의무이자 책임이다.

이제는 할아버지도 아버지도 돌아가시고, 형님과 내가 셋할아버지 산소를 소분하는데, 이제 그만 이장을 해야 하지 않겠느냐고 형님이 말했다. 우선 묘적계를 찾아야 한다.

속다
고생하다. 애쓰다.

대전에서 문학 공부를 할 때, 충청도 말 중에서 '대간하다'라는 말이 귀에 들어온 적 있다. 어느 지역이나 힘들게 살아가는 사람들이 있을 것이고, 삶에 지친 사람들이 표현할 말은 있어야 하는 것이다. "일이 몹시 피곤할 정도로 힘들다"는 뜻의 이 말은 평안북도에서는 '정급하다'이고, 제주도에서는 '속다'이다. 제주어 '속다'를 활용하면 '고생했어요'는 '속앗수다 속아수다'가 된다.

제주도에 이주한 사람들이 가장 흔하게 오해하는 제주어가 '속다'와 '요망지다'이다. 일이 끝나고 "속앗수다"라고 말하면 육지에서 온 사람은 '내가 뭘 속았다는 거지?'라며 오해하게 된다. 또 '요망지다'는 "영리하고 똑똑하고 야무지다"는 뜻인데, 서울 말 '요망'은 "언행이 방정맞고 경솔하다"는 뜻으로 쓰이기 때문이다. 주의할 점은 '요망지다'는 어른보다는 아이나 젊은 사람에게만 쓰는 경향이 있다.

이처럼 낱말의 뜻과 함께 그 낱말이 어떻게 쓰이는지가 중요한 부분인데, 제주어 사전에는 그런 예시까지 다 담을 수 없다.

가령 많이 알려진 제주어 어멍, 아방, 하르방, 할망은 다른 사람에게 본인의 직계를 말할 때는 가능하지만, 직접 부르는 것은 결례가 된다. 하지만 윗사람이 아랫사람의 어멍, 아방, 하르방, 할망을 이렇게 호칭하는 것은 또 가능하다. 가끔씩 제주도를 배경으로 한 드라마에서 이런 오류를 접할 때가 있다.

드라마 〈폭싹 속았수다〉'폭싹'은 '복싹'으로 쓰이기도 하는데, '무척', '너무나'의 뜻이다는 섬의 정서를 잘 표현하였다. 제주 여성으로 태어나 해녀는 대물림을 하지 않겠다면서 소처럼 살다 요절한 어머니의 유언을 들었으나 재취로 가야 하는 처지가 된 애순. 족은어멍새어머니이 보편화되어 있고, 느 때문에 죽었다는 아들 얘기는 4·3 때 잃은 아들을 연상하게 한다. 도라지호를 타고 부산으로 도망치는 애순과 광식은 선장의 추궁을 받는데, 애순이 털썩 주저앉아 "모르쿠다, 모르쿠다."만 되풀이한다. 4·3 당시에도 모른다는 말만 계속 내뱉고 죽은 사람들이 많다. 청마를 꿈꾸는 애순의 노스탤지어와 「깃발」을 암송하는 광식의 눈물이 제주 바다처럼 출렁였다.

'생각의 여름'의 노래 〈대전〉에는 "대간하고 지친 한 덩이로 경부선을 거슬러가지"라는 노랫말이 있는데, 대전이 지닌 지리적 위치를 이별과 결부해 풀어낸 노래이다. 경상도에서는 힘들 때 '대다'라고 표현한다. '힘들다'보다 '대다'가 더 힘든 느낌이다.

마을에 공단이 생기면서 비료 공장에 다니게 된 아버지.

수눌음
제주도식 품앗이.

한라산의 가을 단풍을 구경하고 싶다면 하원수로길을 걸으면 좋다. 이 길은 한라산 영실 입구에서 법정사까지 가는 숲길이다. 법정사는 1918년 스님들이 항일 운동을 펼쳤던 사찰이다. 많이 알려지지 않았지만, 수로의 흔적이 있어서 오래된 이야기를 떠올리며 걸을 수 있다.

하원수로는 물이 부족했던 하원에서 마을 사람들이 힘을 모아 한라산에서 마을로 물길을 낸 것이다. 마을 사람들은 그 물로 농사도 짓고, 밥도 지었다. 저녁밥을 짓는 사람을 위해 수로를 낸 마을 사람들의 의지가 경이롭다.

이 섬에서는 마을 사람들이 힘을 모으는 공동체 문화가 전해 온다. 반테우는 음식이나 물건 따위를 나눠 주는 나눔의 문화가 있었고, 협동을 하는 수눌음 농사일이 바쁠 때 이웃끼리 노동력을 교환하는 풍속이 있었다.

척박한 땅에서 밭농사를 지을 때 검질매는 김매는 것은 힘든 노동이었다. 비가 많이 오는 이 섬에서는 풀이 잘 자랐기에 검질매기가 밭농사에 꼭 필요했다. 마을 사람들이 순번을 정해 함께 검질을 맸다. 제주에서 노동요가 발달한 것은 밭일이 고되다는 증거도 된다.

서호동에는 서호수도기념비가 있다. 나는 처음에 그것이 마을의 누군가를 기리는 비석일 거라 여겼다. 제주도에는 마을 회관마다 마을을 위해 헌신한 사람들을 기리는 비석이 많으니까. 그런데 자세히 보니 마을에 수도가 들어온 것을 기념해 세웠다. 지금이야 수도를 사용하는 게 흔한 생활 모습이지만, 1927년에 수도가 들어온 것은 엄청난 사건이었을 것이다.

수도가 생기기 전, 서호동 마을 사람들은 먼 곳에 있는 통물 마을의 샘에 가서 물을 길어야 했다. 그러니 수도가 생겨서 얼마나 기뻤으랴. 비석은 관의 시각으로 세운 것이지만, 마을 사람들 입장에서 그 무엇보다 경사였을 것이다.

1927년 서호리에 수도가 처음 들어왔을 때
마을 사람들은 잔치를 했지
돼지를 잡고 넉둥배기도 했지
통물에 가서 물허벅에
물을 싣고 오지 않아도 된다며
집집마다 물을 벌컥벌컥 마셨지

각시바위 절곡지물에서 마을까지

물을 모시기 위해
모두 팔을 걷어붙이고 땅을 파고
모금을 했지
일본에 간 사람들도 돈을 보내왔지
마침내 수도가 완성된 날
나라를 되찾은 것처럼 환호성을 질렀지

이제 마을에는 아파트가 들어서고
비석에는 이끼가 끼고
시멘트 뒤덮인 길모퉁이에 찾는 이 없지만
이름난 왕이나 장군을 기리는 비석보다
시원한 물 한 사발 들이켤 수 있는
서호수도기념비가 훨씬 낫다
비석에 부는 바람이 흥건하다

-「서호수도기념비」

숭털다
흉내 내다.

라디오에서 배철수 아저씨가 커피에 설탕 대신 꿀을 타서 먹으니 좋다고 해서 따라 해 보았다. 신기하게도 커피가 깊고 부드러워졌다. 달콤하게만 될 줄 알았는데, 산미가 사라지고 커피의 맛이 바뀌었다. 물론 기호의 차이는 있을 것이다.

내가 중학생이었을 때는 트리오 '소방차'가 최고 인기를 구가하고 있었다. 그때 멤버들이 입었던 승마 바지는 중학생 남자아이들의 멋이었다. 나도 유행을 따라 승마 바지를 입었다. 우리는 좋아하는 사람을 따라 하게 된다.

한영애가 부르기도 한 신윤철의 노래 〈따라가면 좋겠네〉는 좋아하는 사람을 따라가게 되는 자연스러운 마음을 노래했다.

나는 윤동주처럼 시 쓰고 싶었다. 윤동주의 마음을 본받고 싶었다. 별을 노래하는 마음을 닮고 싶었다.

연극배우를 하다가 시에 빠진 현유상은 시를 쓰고 난 뒤 자신의 시가 누군가의 시를 닮은 것 같다면서 창작의 고충을 내게 말했다. 나는 그에게 누군가를 따라가는 건 자연스러운 현상이라고 말했다. 나 역시 누군가를 숭털락ㅎ고 흉내 내고 있다고. 그것이 넓게는 문예사조가 될 것이기에.

배철수 아저씨가 이번에는 커피에 시나몬을 뿌려 먹으면 좋다고 말했다. 나는 이제 한동안 시나몬 뿌린 커피를 마실 계획이다.

신사라
신서란. 신설란.

신서란은 뉴질랜드를 뜻하는 말이다. 이 식물의 원산지가 그곳이다. 잎이 칼처럼 뾰족하고 섬유질이 발달하여 억세고 뻣뻣하다.

제주도 오래된 집 마당에는 신설란, 용설란, 종려나무 등의 아열대 식물들을 심은 경우가 많은데, 이들의 공통점은 모두 수피 섬유로 밧줄 등을 만들 수 있어서 생활에 도움이 되었다는 점이다. 감물 염색을 하기 위해 감나무를 심었듯이.

제주 월령리 손바닥선인장은 쿠로시오 난류를 타고 제주까지 와서 퍼졌다는 설이 있다. 태평양을 끼고 있는 나라들끼리의 친연성이 있다. 돌하르방 문화 역시 태평양 나라들의 공통점이라는 의견도 있다. 인도네시아 발리, 필리핀 루손섬, 볼리비아 등지에 비슷한 석상이 있다.

1905년 멕시코로 이민을 가 유카탄에서 일한 한국인 중에는 제주도 사람들도 꽤 있었다. 용설란과의 식물인 에네켄에서 섬유를 뽑는 일을 했다. 당시 미국에서는 말 대신 기계로 움직이는 밀 수확기를 발명하면서 밀의 생산이 급격히 증가하였고, 이에 따라 생산된 밀을 포장하는 굵은 밧줄의 수요도 덩달아 증가했다. 섬유로 생활용품을 만드는 것은 마야인들의 지혜였다. 이 유카탄은 마야 문명의 발상지이다.

제주도 집 울타리에 신사라를 심은 풍경을 볼 수 있다. 제주도에서는 오래전부터 신사라로 새끼를 꼬아 망태기나 삼태기 등을 만들었다. 그러니 신사라 재배는 필수였을 것이다. 육지에서는 벼농사를 지으니 볏짚으로 생활용품을 만들었겠지만, 이 섬에서는 신사라로 생활용품을 만들었다.

아이들은 신사라로 팽이채를 만들어 놀았다. 나는 그렇게까지 옛날 사람은 아니고, 운동화 끈으로 팽이채를 만들어서 운동화 끈이 남아나지 않았다. 김세홍 형은 저지리 묵골이 고향인데, 어린 시절 신사라로 만든 팽이채는 팽이를 칠 때 착착 감기는 소리가 좋았다고 한다. 치다 보면 끝이 실처럼 가닥져서 후리기가 아주 좋았다고.

제주어 마음사전 2

3부

새는 구름을 좇아 날아간다

아이모른눈
밤사이에 사람들 모르게 내린 눈.

밤사이에 사람들 모르게 소복이 내린 눈을 서울에서는 도둑눈이라고 한다. 졸지에 눈이 도둑이 되었다. 아이모른눈이 내리면 아이가 아침에 눈을 떴을 때 감탄하게 된다.

어렸을 때 집 현관문이 미닫이문이었다. 반투명 유리로 되어 있어서 실루엣이 보이는 정도였다. 아마도 겨울 방학이었을 것이다. 아침에 눈을 떠 마루에 나갔더니 유리문 너머가 하얀색이었다. 그 하얀 풍경은 내가 지금껏 본 아름다운 풍경 중 다섯 손가락 안에 드는 장면이다.

크고 하얀 저것은 무엇일까. 아주 큰 눈사람이 집 마당에 서 있는 것 같았다. 집보다 더 큰 눈사람이다. 차가운 기운이 전해 왔다. 설레는 마음으로 문을 열었다. 눈이 고요하고 아늑하게 우영팟(텃밭)에 내려왔다. 눈사람이 온 마을을 끌어안고 있었다. 말 그대로 눈 세상이었다.

아이모른눈이 내린 다음에 내딛는 첫 발자국. 그것은 달에 첫 발을 내딛었다는 닐 암스트롱의 마음과 비슷하리라. 마당이 곧

미지의 달이 된다.

    제주도에서 아이를 지칭할 때는 이렇게 부른다. 그 아이는 가이, 저 아이는 자이, 이 아이는 야이. 그래서 "저 아이 좀 보렴."을 제주에서는 "자이 보라."라고 말하는데, 이 말에는 "저 아이 저렇게 당당하게 잘하고 있다."는 뜻도 들어 있다. 아이라고 해서 약하기만 한 것이 아니라 자이처럼 꿋꿋하게 행동할 수 있는 것이다.

언치냑

어제저녁. 어치냑.

영화 〈오사카에서 온 편지〉를 만든 양정환 감독의 단편영화 〈시인과 뚜럼〉에 출연한 적 있다. 감독은 대본에 나와 있는 대사를 제주어로 말해 달라고 부탁했다.

짜장 라면이 맛있는 식당을 섭외했다. 지인들이 엑스트라로 앉아 있었다. 장면은 대화 중에 내가 술상을 엎는 상황이었다. 평소 시인의 모습대로 하면 된다고 해서 출연에 응했는데, 술상을 엎는 것은 나의 모습이 아니라고 말하자 감독은 영화 속 인물이 엎는 거라며 나를 설득했다.

"NG 없이 한 번에 가야 해요. 안 그러면 안주 다시 만들어야 해서 제작비가 늘어요."

감독이 말했다. 그래서 나는 제대로 엎어야겠다고 생각했다. 시나리오는 이미 봤지만 제주어로 바꿔 읽는 것은 연습하지 못했다. 그래도 대충 제주어로 바꿔 가면서 말했다. 앞에 앉아 있는 가수 박순동은 제주어를 능숙하게 쓰는 반면에 나는 더듬거리며 말했다.

"경허난 어제저녁에……." 내가 말하고 있는데, 옆 테이블에 있던 한 여성이 "언치냑!"이라고 버럭 소리를 높였다. 내가 "경허난 언치냑에……."라고 말해야 하는데 제주어를 졸바로[제대로] 쓰지 않아 옆에서 지적한 것. 그러자 주변 사람들이 웃었다. 하지만 감독은 "컷!" 하고 외쳤다. 내가 이 상황도 재밌는 것 같아 그냥 살리자고 감독에게 말했더니 감독은 전체 흐름상 맞지 않는다며 단호하게 잘랐다.

그리고 나는 술상을 있는 힘껏 엎었다. 아까운 파전이 바닥에 널브러졌다. 다행히 오케이가 되었다.

그 후 이 '언치냑'이라는 말이 나에게 단단히 들어와 앉아 있다. 어제저녁만 생각하면 '언치냑'이 계속 반복되면서 내 귓가에 맴돈다.

한편 제주어로 '아침'은 '아적', '점심'은 '정심', '저녁'은 '저냑'이다. '내일모레'는 '널모리'인데, 초조하게 기다리는 마음을 '널모리 동동'이라고 쓴다.

우영팟
텃밭. 집터에 있거나 울타리에 붙어서 가까이 있는 밭.

 강은미 시인의 어머니가 사는 신촌 집에 몇 번 갔는데, 여러 번 간 것 같은 친근한 마음이 들었다. 그 집은 내 유년의 집과도 닮았고, 외가와도 닮았다. 꽃나무가 우영팟을 덮은 집이다.

 제주도 우영팟에는 식용할 푸성귀만 심지 않는다. 워싱턴 야자수나 수국 등의 관상용 식물도 있는 낭만이 제주도 우영팟에 있다. 우영팟에서 제주도 정원의 미학을 볼 수 있다. 먹을 것이 귀해도 그 소중한 땅에 관상식물을 심어 놓을 줄 아는 사람들이 제주도 사람들이다.

 어렸을 때 고향 집 우영팟에는 개꽝낭이 있었다. 아버지는 그 나무를 애지중지했다. 원래는 화분에 있었는데, 점점 커져서 우영팟에 옮겨 심었다. 열매가 쥐똥 같아서 서울에서는 쥐똥나무라 불리는 나무였다.

 나는 소철을 좋아했다. 겨울에 눈이 내리면 소철은 오랫동안 눈을 모으고 있었다. 지구의 첫 나무라는 이 소철은 중생대 공룡 시대에도 있었다고 한다. 그만큼 생명력이 강한 나무이다. 이국적이면서 다른 세계에서 온 듯한 느낌이 드는 원류가 다 있었다.

신촌 그 집은 강은미 시인의 고향 집은 아니다. 시인은 초등학생 시절에 같은 제주도 이곳저곳으로 이사하며 전학도 여러 번 다녔다고 한다. 그 집은 여러 번 이사 끝에 처음으로 장만한 집이라고 한다. 식구들은 무척 기뻤을 것이다. 모처럼 두 다리 쭉 뻗고 잠을 잤을 것이다.

지금은 팔순 어머니 혼자 사는데, 가장자리에 심었던 수국이 점점 물결치면서 번지더니 어느 해부터는 우영팟을 가득 덮었다더라. 돌담 옆에는 처음으로 집을 산 기념으로 시인의 남동생이 심었다는 살구나무가 있어 봄이면 살구꽃이 하얀 바다를 이룬다. 하지만 안타깝게도 남동생은 스쿠버다이빙을 하다가 그만 법환 바다에서 목숨을 잃었다. 그 얘기를 마당 평상에 앉아 들으니 우영팟이 바다처럼 보였다.

강은미 시인은 바다에 잠든 남동생을 기리며 시 「달이 한참 야위다」를 썼다. 그 시를 읽으면 "하늘과 내통하는 남보라색 수평선에서" 밀려오는 저녁 밀물이 한라산을 넘어 신촌 집까지 들어와 파도 소리를 낼 것만 같다.

시인의 이야기를 듣다 보니 어느새 날이 저물고 샛별이 떴다. 나뭇가지 사이로 샛별이 흔들렸다. 평상에 오래 앉아 있으니 반가운 손님이 올 것만 같았다. 평상이 있는 집은 아직 돌아오지 못하는 식구를 기다리느라 밖에 내놓은 마음일지도 모른다.

요즘 들어 부쩍 전화를 자주 하신다는 어머니가 사는 집에 시인은 토요일에 밀물처럼 갔다가 일요일에 썰물처럼 나온다더라. 그 밤에는 수국이 물방울을 머금고 먼바다의 이야기를 들려준다더라. 발소리 낮춘 파도 소리가 사알사알 들리겠다.

우영팟은 푸성귀 따위를 심어 부식을 구하는 귀중한 곳이었다. 하지만 그러한 땅에 제주도 사람들은 식용 목적과 함께 관상 목적의 비파나무, 동백나무, 수선화, 종려나무, 워싱턴야자수 등을 심어 멋을 즐겼다. 아무리 힘들어도 멋을 부릴 줄 안다는 것은 절도(節度)에서 나온다.

예점
보통으로. 여점.

    우리는 꿈을 꾸지만, 대부분은 보통의 존재로 살아간다. 꿈을 이루지 못한 삶은 실패한 삶일까. 보통으로 살아가는 것은 어떤 의미일까.

    한 공익 광고가 떠오른다. 예전에는 과학자를 장래 희망으로 한 아이들이 많았는데 요즘은 과학자를 꿈으로 지닌 아이들이 많지 않다는 내용이었다. 연예인이나 유튜버를 동경하는 아이들만 많아졌다면서 과학자를 장래 희망으로 한 아이들이 다시 많아지기를 바라는 공익 광고였다.

    그런데 그 공익 광고를 보며 이런 생각이 들었다. 예전에 과학자를 꿈꾸던 그 많은 아이들은 왜 대부분 과학자가 되지 못했을까. 장래 희망은 자주 바뀐다. 그리고 그 장래 희망대로 꿈을 이룬 사람들도 매우 적다. 하지만 그 소년 소녀들은 과학자는 아니지만, 과학자나 마찬가지인 일을 하고 있다. 자신의 분야에서 실험을 하고 연구를 한다. A/S 센터에서 수리 기사로 일하는 사람도 과학자이고, 시를 쓰는 사람도 과학자라 할 수 있다.

위대한 사람이란, 외적으로 성공한 사람만을 칭하는 말은 아닐 것이다. 우리는 장래 희망을 이루지 못한 것이 아니라 각자 나름대로의 과학자, 의사, 변호사로 살아가고 있다. 작은 마을에서라도 자신의 역할을 묵묵히 하는 사람이야말로 위대한 사람이다. 그렇게 유기적으로 돌아갈 때 이 지구에서 인간 또한 기쁜 생명의 유기체로서 순환하게 되는 보통의 업적을 이룰 수 있다.

한편 '보통 있는 일'을 뜻하는 제주어로 '여상(예상)'이 있다.

웨방
외방. 섬에서 멀리 떨어진 지역. 외지.

 누나는 경기도 부천에 살았다. 부천은 원래 복숭아가 많이 나는 곳이었으나 지금은 공업 도시이다. 이촌향도와 산업화가 이루어지면서 생긴 도시 중 하나가 부천이다. 부평의 '부'와 인천의 '천'을 따서 도시 이름이 되었다. 서울 다음으로 인구 밀도가 높을 정도로 급격하게 팽창했다. 양귀자 소설 『원미동 사람들』(문학과지성사, 1987)의 무대가 되는 실제 지명 원미동이 있다. 소설에서는 '멀고 아름다운 동네'라는 뜻을 그대로 해석했다. 이창동의 영화 〈밀양〉은 원래의 한자를 바꿔 묘한 느낌을 줬는데, 원미동은 이름부터가 소설적 배경과 잘 어울린다. 고향을 두고 모인 사람들의 동네가 멀고 아름다운 곳이라니.

 누나는 경기도 부천시 고강동에 살았다. 처음 누나네 집에 찾아갈 때의 일이다. 지하철을 타고 부천역에서 내려 다시 버스를 탔다. 누나가 알려 준 버스 정류장에서 내렸다. 하지만 낯선 동네라서 방향을 분간하기 어려웠다. 공중전화 부스에 들어가 전화를 걸었다. 누나가 전화를 받고 설명을 했다. 나는 그 설명을 듣고 헤매다 다시 제자리로 돌아왔다. 허탈해하며 횡단보도를 건너 누나에게 전화를 걸었는데, 이상하게 없는 번호라는 기계 음성이 들렸다. 나는 번호를 잘못 눌렀나 싶어서 거듭 눌렀는데, 계속 없는 번호라는 메시지가 흘러나왔다. 나는 귀신에 홀린 기분이었다. 할 수 없이 다시 걷다가 다른 공중전화 부스에 들어가서 전화를 걸었다. 신기하게도 이번에는 누나가 받았다. 집 근처였다.

누나네 집에 도착해 오는 길에 있었던 일을 말하니 누나는 서울과 경기도 경계 구역이라서 그럴 거라고 말했다. 길 하나 건너 서울과 경기도로 나뉘니 서울과 경기도 지역 번호를 눌러야 하는 것이다. 그렇게 나는 경기도 누나네 집에 도착했다.

일찍 결혼해 평생 플라스틱 공장에서 경리로 일한 누나는 어느덧 사장 다음으로 오래 일한 직원이 되었다. 누나는 사장보다 본인이 회사 일을 더 잘 안다고 내게 여러 번 말했다. 누나의 평생소원 중 하나가 서울로 들어가 사는 거였다. 마침내 허름한 아파트이긴 하지만, 서울시 신월동에 살게 되었다. 하지만 몇 년 못 가 다시 부천시 원종동으로 이사했다.

서울에 가면 주로 가는 곳이 종로, 인사동, 경복궁, 혜화동 등이다. 마치 징검돌처럼 갔던 곳만 지나게 되는 것 같다. 제주에 살면 비행기 예매를 할 때 도민 할인이 된다. 하지만 인터넷 할인 가격이 적용되면 도민 할인은 무용해진다. 도민이면 제주도 관광지에 들어갈 때 할인이 되는 혜택 말고 좋은 게 뭐가 있을까.

　가끔씩 서울 갈 일이 생기는데, 몇몇을 제외한 대부분의 사람들이 그곳에 있기 때문이다. 그냥 여행으로만 서울에 간 적은 드물다.
　경기도 광명시에 기형도문학관이 있어서 경기도가 좀 폼 난다. 서울 청운동엔 윤동주문학관이, 서울 방학동엔 김수영문학관이 있긴 하지만. 제주에서 서울에 가려면 일찌감치 비행기 예매를 해야 한다. 그리고 반드시 왕복으로 끊어야 한다. 서울은 멀고도 아름다운 곳이니까 오래 머물면 너무 많은 바람이 들지도 모른다. 그래서 한 사흘 넘지 않게 서둘러 돌아와야 한다.

일흠
이름. '일름'이라고도 한다.

어느새 벚꽃이 두드려박작꽃들이 무더기로 많이 활짝 폈다. 정말 갑자기였다. 아침에 늘 지나가는 길에 벚꽃이 하루아침에 활짝 폈다. 올해 우리 동네 벚꽃 개화 날짜는 3월 23일이라고 다이어리에 썼다.

제주도 벚꽃 명소는 아주 많다. 전농로, 제주대 입구, 장전리 벚꽃 길, 선흘2리 골체오름, 서홍동 웃물교, 예래생태공원, 삼성혈 등. 이곳 외에도 마을 곳곳에 오래된 벚나무의 벚꽃을 만날 수 있다.

나는 호근동 벚꽃 길을 좋아한다. 마을에 벚꽃 수를 입힌 것처럼 이즈음이면 벚꽃 마을이 된다. 그 호근동에서 나는 벚꽃 사진을 찍으러 마을 산책을 하다가 누군가 벽에 그려 놓은 새 한 마리를 발견했다. 그런데 어딘가 낯이 익었다.

벚꽃이 다 지고 난 뒤에도 나는 문득 그 새 생각이 나서 호근동을 거닐며 찾아보았더니 몇 마리 더 있었다. 나중에 알고 보니 그 새 그림은 어느 화가의 프로젝트였다. 그 새 그림들은 그 화가의 작업실에 수백 마리 모여 있다.

계절은 누가 만든 프로젝트일까. 봄, 여름, 가을, 겨울. 계절마다의 절묘한 매력이 있다.

4·3 77주년을 추념하며 4·3평화공원에서 전시한 시화전 제목이 '스스로 봄이 된 사람들'이다. 며칠 전에 '4·3 증언 본풀이'에 가보았다. 행사 제목이 '그리움에 보내는 여든 살 아이들의 편지'이다. 이제 팔순이 된 분들이 어린 시절 겪은 4·3에 대해서 말한다. "어멍 말 잘 들어라이." 하고 경찰서로 끌려간 뒤 죽음을 맞이했던 아버지. 다시 어린 시절로 돌아가 마지막 기억 속에 희미하게 남아 있는 아버지와 어머니를 그리워한다.

4·3평화공원에 가면 희생된 사람들의 이름들이 새겨진 각명비가 있다. 마을별 희생자 이름이 새겨져 있는데, 그중에 이름 없이 누구의 자(子)라고 표기된 이름들이 있다. 이름도 채 짓지 못한 물애기(갓난아이) 때 숨을 거둔 영혼들이다.

추모란 이름을 부르는 것부터 시작해야 한다. 봄에 그 이름들을 부르면 어떤 때는 삔지롱이(빤히) 우릴 쳐다보기도 하고, 또 어떤 때는 칭원훈(원통한) 눈으로 우릴 쳐다보기도 할 것이다. 이름을 부르지 않으면 사라질 수 있기에 해마다 봄이면 봄꽃이 피듯 그들의 이름을 불러 본다.

저슬
겨울.

 제주에서 겨울에 눈을 보고 싶으면 한라산에 가면 된다. 겨울산에 갈 엄두가 나지 않는다면 설경버스를 타면 된다. 눈이 많이 와서 차량이 통제될 때도 버스는 웬만하면 다닌다. 제주도에서는 몇 해 전부터 설경을 구경하고자 하는 사람들을 위해 설경버스를 운행한다.
 해마다 겨울이면 설경버스를 탄다. 제주시 시외버스터미널에서 설경버스를 타면 1100고지까지 갈 수 있다. 가와바타 야스나리의 소설 『설국』의 첫 문장 "현의 접경을 넘자 설국이었다."를 느낄 수 있는 버스이다. 시내는 눈이 다 녹았어도 조금만 올라가면 설국이 펼쳐진다.
 지난해 도청에서는 설경버스의 새 이름을 공모했다. 상금도 상금이지만 버스 이름을 내가 지었다는 자부심을 느낄 수 있기에 아내와 나는 새 이름에 대해서 고민했다.
 "무난하게는 '눈꽃버스'인데, 설마 그렇게 뻔한 것을 뽑겠어?"
 "맞아. 제주도·한라산의 특색이 나타나야 하겠지."

나와 아내는 브레인스토밍을 하며 여러 이름을 내놓았다. 그리고 마침내 제출할 이름을 정했다. 아내는 '눈마중버스', 나는 '하양버스'. 아내는 어머니가 해녀인데, 물질을 하는 어머니를 도우러 가서 해산물을 들어 주는 일을 '물마중'이라 한다며 그러니 눈을 만나러 가니 '눈마중'이 좋겠다고 말했다. 내가 정한 '하양'은 '하얀'의 제주어로 눈이 하얗기에 그 특색을 살린 이름이라 생각했다.

응모를 하고, 우리는 혹시나 하는 마음에 기대했다. 마침내 새 이름이 발표되었다. 이름은 '눈꽃버스'. 너무 많은 생각을 할 필요가 없었다. '눈꽃버스'는 평범하지만 설경의 이미지를 아름답게 표현한 말이다. 우리는 조금 실망했지만, 보편성에 대해서 생각하며 고개를 끄덕였다.

"장갑도 챙겨야지. 눈썰매는 준비했지?"

아침부터 분주하게 준비했다. 아이와 아내와 나는 눈꽃버스를 타고 1100고지에 가기로 했다. 아이는 썰매를 탈 생각으로 신이 나 있었다. 나는 1100고지 편의점에서 먹는 컵라면을 떠올렸다. 눈 내린 풍경을 보며 김이 모락모락 나는 라면을 먹는 것도 별미이다.

지난밤에 내린 눈으로 인해 일부 도로에서 소형차 통행이 통제되었다. 이럴 때 차는 집에 두고 버스를 타고 가면 눈 세상을 안전하게 만날 수 있다. 눈꽃버스를 타고 올라가는데 차 몇 대가 갓길에 세워진 채 눈으로 덮여 있었다. 나도 아내와 차를 몰고 눈길을 가다가 저렇게 몇 번 세워 놓고 걸어간 적 있다.

1100도로 근처 언덕에서는 이미 아이들이 썰매를 타고 있었다. 자연스레 코스도 생겼다. 아이도 언덕 위에 올라가 썰매를 타고 내려왔다. 너무 재밌다고 말하면서 다시 또 타기 위해 언덕 위로 올라갔다. 나는 아이의 모습을 핸드폰에 담으며 내 유년 시절의 썰매 타기를 떠올렸다.

내가 어렸을 때는 눈이 오면 동네 아이들과 함께 비료 포대로 썰매를 탔다. 차가 많이 다니지 않았기에 그냥 경사가 있는 마을 길에서 탔다. 뒤에 버스가 오면 옆으로 피하면서. 간혹 버스나 트럭 중에서 두꺼운 체인을 바퀴에 걸고 지나가는 경우가 있어서 눈 쌓인 바닥이 파헤쳐지곤 했다. 어린 우리는 그 차 꽁무니에 대고 야유를 보냈다.

1100고지 주변은 말 그대로 설국이었다. 눈꽃들이 근사하게 빛나고 있었다. 겨울 나뭇가지에 눈이 쌓인 것을 보고 '눈꽃'이라고 처음 말한 사람은 누굴까. 정말 명징하고 딱 들어맞는 말이다.

바람이 불면 나뭇가지에 있는 눈이 한 번 더 세상에 내린다. 겨울만 있는 나라에 살아도 좋겠다는 마음이 들 정도로 산에 눈이 내린 풍경은 장관이다. 바닐라 아이스크림처럼 보이기도 한다. 눈꽃을 한입 물면 달콤한 맛이 입안에 가득할 것만 같다.

"컵라면 먹으러 가게."

아내가 내게 말했다. 반가운 말이다. 우리 셋은 편의점에 가서 컵라면을 고르고 물을 받았다. 아이의 코가 루돌프 코처럼 빨개졌다.

라면을 먹고 나서도 우리 셋은 한참을 더 눈 위에서 놀았다. 눈싸움도 하고, 눈사람도 만들었다.

다시 눈꽃버스를 타고 집으로 갔다. 그날 밤 아이는 눈 내리는 꿈을 꿨을까.

조촘앉다
조침앉다.

엉덩이를 들고 두 다리를 구부려 세워서 발로 디디어 앉다.

제주의 자세를 나타내는 말이라면 '직산ㅎ다'와 '조촘앉다' 정도가 되지 않을까. '직산ㅎ다'는 "앉거나 섰을 때 등을 벽 같은 것에 기대다."라는 뜻이고, '조촘앉다'는 "엉덩이를 들고 두 다리를 구부려 세워서 발로 디디어 앉다."는 뜻이다.

피로하거나 기대고 싶을 때 직산ㅎ게 되고, 딱히 앉을 자리가 없는데 쉬고 싶을 때 조촘앉게 된다. 그래서 식사를 할 때는 연장자가 직산혼 자리에 앉기 마련이다. 그것이 제주의 예의이다. 폭삭 속은 아주 고생한 날엔 서로 그 자리에 앉으려고 눈치 작전이 펼쳐지기도 한다.

4·3 당시 산사람들은 나무에 직산ㅎ거나 조촘앚앙 숨을 돌렸을 것이다. 무언가에 기대거나 두 다리로 버티며 숨을 붙였다.

키가 큰 김수열 시인은 걷다가 조촘앚앙 담배를 피우곤 한다. 다리가 길어 잠시 접어 두어야 하는 것일까. 키 커부난 키가 커서 4·3 영화에서 인민유격대장 김달삼 역을 맡은 적도 있다.

조촘앚앙 있는 모습은 쪼그리고 앉아 있어서 썩 보기 좋은 자세는 아니다. 바닥이 축축하거나 앉을 형편이 되지 않아 엉덩이를 들고 있어야 한다. 조촘앚앙 있는 것은 언제든 바로 일어날 수 있는 자세다. 그냥 철퍼덕 앉아 다리를 뻗을 수 있는 자세가 아니다. 산사람들도 조촘앚앙 있다가 총소리가 나거나 하면 발각되지 않기 위해 서둘러 일어나 피신했을 것이다.

제주도 곳곳에 4·3의 아픔이 서려 있다. 직산ᄒ거나 조촘앚앙 숨을 돌리던 그들은 대부분 목숨을 잃었다. 제주도에서는 편히 앉아 있는 것조차 죄스러울 수 있다. 그래도 제주도를 걷다가 잠시 찻집에 들려 목을 축여도 좋으리.

밭농사를 지을 때 조촘앚앙 일을 할 때가 많다. 요즘은 작업방석(일명 똥방석)이 있어서 그나마 나아졌지만 오랜 세월 조촘앚앙 고된 일을 한 섬 사람들이 있었다.

이 섬에서 찻집을 열기 위해 이름을 고민하신다면 '더 직산'이란 이름을 쓰시라. 직산ᄒ영 차 한잔 마실 수 있는 다정한 찻집을 상상하며.

좇그다
쫓아가다.

    벌써 수십 년 전 일이다. 전설의 섬 이어도를 찾았다며 뉴스에 나왔을 때 나는 크게 실망했다. 암초의 모습으로 우리와 마주했는데 상상의 이야기가 사라지는 것 같아 안타까웠다. 그 후 그곳에는 해양과학기지가 세워졌다. 하지만 환상의 섬 이어도를 찾고 싶은 그 의지는 안타까움을 상쇄하는 힘이 있다.

    최근에는 제주도에 봄마다 돌아오는 제비가 오는 곳을 찾아냈다. 제주에 오는 제비의 강남은 필리핀 루손섬이었다. 그 이동 거리가 9,200㎞에 달한다고 하니 놀랍다. 이 제비의 길을 찾아낸 것은 도내 제비 생태 탐구동아리 학생들이었다. 부종휴 선생님과 김녕초등학교 학생들이 만장굴을 탐험해 세상에 알린 것처럼 제비를 좇아간 아이들의 마음이 갸륵하다.

    석주명은 제주에서 나비를 좇아갔고, 새는 구름을 좇아 날아간다.

서귀포 토평동
제주에 날아온
석주명 할아버지가
머물다
이슬을 머금고
포르르 날아간 곳

- 「석주명 기념비 앞에서」

죽어지는 세
연세(年貰), 사글세.

제주도에서는 사글세를 죽어지는 세라 말한다. 죽어지는 세. 사라지는 돈을 그렇게 표현한 것이다. 그렇다고 극단적인 느낌은 아니고, 전세가 아닌 사글세에 대한 애석한 마음이 담겨 있는 표현이다. 제주도에서는 전세나 월세보다는 1년짜리 세를 계약하는 경우가 많다.

제주의 부동산 문화 중 독특한 점은 '신구간'이 있다는 것이다. 대한 후 5일째부터 입춘 전 3일까지 이사를 하거나 집수리를 하는 풍습이 있다. 이 섬의 1만 8천 신들이 임무 교대를 위해 하늘로 올라가는 시기라서 이사나 집 수리를 해도 동티(탈)가 나지 않는다고 여겼다.

책방을 죽어지는 세로 운영했다. 아라동, 호근동, 서홍동, 이도이동에서 각각 2년씩 머물렀다. 여느 책방과 비교하면 자리를 많이 옮긴 셈이다. 각 마을마다 특징이 있었다.

아라동은 인다마을에 있었는데, 젊은 부부들이 많았다. 십자수를 하면서 책을 읽는 모임이 책방을 사용했는데, 모임 사람들이 인상적이었다. 유일한 남자 회원은 파리 생제르맹 FC 유니폼을 입고 묵묵히 십자수를 했다.

호근동은 김광협 시인의 고향 마을이다. 김광협 시비 근처에서 시집 전문 서점을 운영했다. 그곳에서는 가게 문을 자주 못 여는 것이 안타깝다며 대신 책방을 지켜 주는 사람들이 생겼다. 그들은 자신들을 돌킹이라 부르며 서점 담벼락에 해바라기 벽화까지 그렸다. 아이들도 그 벽화 그리기에 참여했다. 나중에는 고맙기도 하고 미안해서 의자 같은 가구라도 팔아서 쓰라고 했다.

서홍동은 미용실을 했던 자리에서 책방을 열었더니 처음 몇 개월 동안 미용실인 줄 알고 들어오는 손님들이 꽤 있었다. 시를 읽고 마음을 빗질해도 좋으련만……. 2년 뒤 책방은 이사를 하고, 그곳은 뜨개질 공방이 됐는데 가끔 책방인 줄 알고 찾아오는 손님이 있다고 한다.

지금은 책방이 이도이동에 있다. 7년 동안 제주도 한 바퀴를 돈 셈이다. 요즘은 무인 책방으로 운영 중이다. 지킴이가 있든 없든 찾아오는 손님의 수가 비슷하다.

죽어지는 세로 책방을 운영했다. 보통 계약을 2년 정도로 하니 한 곳에서 연장하지 않고 다른 마을을 찾곤 했다. 여력이 있다면 앞으로도 2년 주기로 표선이나 한림 쪽에서도 책방을 열고 싶다.

죽어지는 세는 마치 새 이름 같다. 한 해 돈을 내고 그 마을에 머문다. 한 해 지나 먹을 게 없어지면 다른 마을로 날아간다.

존샘
자잘한 정.

고려 후기의 문신 이조년이 쓴 시조 「이화에 월백하고」는 "다정도 병인 양하여 잠 못 들어 하노라"라는 구절로 끝난다. 가수 정밀아는 "그리움도 병"이라고 노래했지만, 다정한 것이 병이 될 수 있다니, 그 지경까지 가서 표현한 점이 절묘하다.

다정한 사람을 만나면 반갑다. 쟁투가 난무하는 이 세상에서 다정한 사람을 만나기란 힘들다. 나는 운이 좋게도 이 사람을 안다. 처음 만난 건 서귀포 호근동에서였다. 시 모임에 그가 왔다. 비 오는 날 저녁에 애월에서 서귀포까지 왔다. 나라면 그 정도의 거리라면 포기했을 텐데 다정함이 그곳까지 오게 했으리라. 그의 말, 모습, 행동, 시가 다정했다. 그는 에세이스트 강건모다.

강건모의 외할아버지는 구순의 나이에도 일기를 썼다고 한다. 강건모의 다정함은 외할아버지로부터 물려받은 것 같다. "첫눈이 조금 내렸다. 종일 눈이 오고 계속 오고 있다. 밤에는 오지 않았다."라고 쓴 것을 외손자는 기도처럼 되뇌었다고 한다. 아버지는 일찍 돌아가셨다. 그 슬픔을 안고 살아온 시간이었는데 주위 사람들이 그를 다정하게 만들었다. 그가 글쓰기 강좌를 열었을 때 '내 생애 가장 시적인 계절, 유년'이라고 주제를 정했을 정도로 그의 유년이 그를 다정하게 만들었다.

그리고 문장 연습에서 오는 다정함을 들 수 있다. 그는 실제로 오랫동안 출판사에서 에디터로 일했다. 제주도로 이주하기 전까지 문장을 다듬고 있었고, 제주도로 이주해서도 문장 다듬는 일을 한다. 교정, 교열이란 거칠고 어색한 문장을 부드럽고 자연스럽게 만드는 일이다. 언제가 그가 찻집에서 교정 보는 일을 하는 것을 본 적이 있다. 작은 전등 아래에서 일에 집중하는 그의 뒷모습은 숙련된 수선공의 모습으로 보였다.

그는 그가 편집한 책이 나오면 그 책을 주위에 알리는 일에도 열심이다. 그야말로 책과 책의 저자에게 다정을 쏟는다. 사람과의 인연처럼 책과의 인연도 소중하게 생각한다.

다정한 문장가, 강건모는 비가 오거나 눈이 오면 약속을 뒤로 미루고 카메라를 들고 집을 나선다. 그의 직업은 에디터나 에세이스트라고 말할 수 있지만 문장가가 더 잘 어울린다. 문장가라는 직업이 없으니 의아하겠지만 그가 책을 편집하거나 글을 쓰거나 카메라로 사진을 찍는 일은 모두 세상이라는 문장을 다듬어 펼치는 일 아니겠는가. 다정이라는 뷰파인더로 바라보는 세상이 펼쳐진다.

한편 이조년의 원본 초상화에는 한 손으로 염주를 쥐고 있었으나 훗날 조선 시대에 숭유 억불 정책의 흐름에 따라 염주를 지워 버렸다고 한다. 부처님이 이조년에게 물을 것이다. 염주는 어디로 갔느냐. 안절부절못하며 이조년은 얼버무리겠지. 배나무꽃에 하얀 달빛이 내리는 모습을 감상하다가 그만 놓고 왔지요.

재열
매미.

우리는 대개 나비는 좋아하면서 애벌레는 싫어한다. 사랑하는 존재라면 과거까지 사랑해야 할 텐데 말이다. 매미는 잡으려고 하면서 굼벵이는 잡으려고 안 할 것이다. 물론 굼벵이를 약으로 쓴다면서 잡는 경우도 있다. 제주의 옛 초가에서는 간에 좋다는 굼벵이가 꽤 나왔다.

어린 시절 접했던, 은근히 무서웠던 옛날이야기가 있다. 쥐가 사람의 손톱을 먹고 사람으로 변신하는 내용이다. 제목이 「사람으로 둔갑한 쥐」였던 것 같다. '둔갑'이라는 말은 '변신'이라는 말보다 좀 기괴하다. 둔갑을 하는 것들은 대개 음흉한 계략을 지닌다.

오랜만에 만난 사람이 놀랍게 변하는 일도 있지만, 대개 사람들은 크게 변하지 않는다. 예전 그대로인 경우가 훨씬 많다. 어쩌면 우리는 변하는 것에 막연한 두려움이 있는 게 아닐까. 지금 화목하다면 변하지 않고 지속 가능하길 바랄 것이다.

'사람으로 둔갑한 쥐'의 가장 큰 교훈은 손톱을 깎고 함부로 버리지 말라는 것. 머리카락이나 손톱 등 내 몸에서 떨어져 나간 것들은 깔끔하게 처리해야 한다고 조상들은 말한다. 그 이야기에서 쥐는 '나'와 똑같은 모습으로 둔갑한다. 새로운 모습으로의 거듭나기가 아니라 복제 기술을 선보인다. 똑같은 '나'가 있어서 사람들이 혼란스러워한다. 내가 '나'인데, 또 다른 '나'가 '나'라고 우긴다면 어쩌란 말인가. 지금 내 옆에 앉아 사람 행세를 하는 것이 사실은 쥐라고 생각하면 금착할(깜짝 놀랄) 것이다. 가만 보니 전래동화 「사람으로 둔갑한 쥐」는 SF였네.

계절은 어느덧 여름에서 가을로 변신 중이다. 열대야가 계속 이어지다가 이제는 밤에 기온이 꽤 내려갔다. 순리로 바뀌는 것은 자연스럽다. 낮이 밤으로 바뀔 때 세상은 우리에게 노을을 보여준다. 고통의 변화이겠으나 풍경은 낭만적이다.

어떤 골목길은 오십 년 넘게 변하지 않았다. 그런 골목길에는 온갖 이야기들이 또아리를 틀고 있다.

제주의 길 이름 중에 '곱은달길'이 있다. 달이 숨어 버린 길을 뜻하는 것으로 추측된다. 달이 숨었다가 나타났다가 하는 것으로 길은 변한다. 달도 곱아분(숨어 버린) 밤의 마을에서는 노래를 해서라도 빛을 내야 한다.

매미는 밤 같은 땅속에서 오랫동안 지내다 세상으로 나와 운다. 가수는 밤의 매미인 것 같다.

질
길.

　제주도에서 길을 걷는다는 것은 바람의 노래를 듣는 일이다. 그것은 제주도가 섬이기 때문이다. 남방큰돌고래가 섬을 돌듯, 레코드판이 돌듯, 사람들은 섬에서 음악처럼 흐른다. 산남은 보사노바와 어울리고, 성판악은 로큰롤이 어울릴 것 같고, 산북은 나름 시티팝과 어울린다. 제주에서 길을 걸으면 발걸음이 리듬을 맞추게 된다.

　귓가에 닿는 바람의 선율이 음악처럼 나를 물들인다. 섬을 걷는 동안엔 이어폰을 꽂아 음악을 들을 필요가 없다. '여유와 설빈'의 노래 〈그곳에 노래를〉 같은 바람이 불어올 것이므로.

　나무와 바람, 파도와 흙이 만들어내는 자연의 음표들이 내 발걸음을 따라 리듬을 만든다. 걷는다는 건 이 섬의 선율을 하나하나 몸으로 느끼는 일이다. 마치 오랜만에 꺼낸 낡은 레코드가 처음 소리를 내기 전의 떨림처럼, 발을 내딛는 순간부터 나는 그 소리에 푹 빠져든다.

　해변을 따라 걷다 보면 파도가 규칙적으로 밀려왔다가 사라진다. 그것은 마치 '소금인형'의 노래 〈시를 노래하는 마음으로〉처럼 절제된 파동이다. 파도 소리는 귓가에서 은은하게 메아리친다. 조금씩 번져오는 감정의 물결처럼 말이다. 내 마음속 깊은 곳에 잠겨 있던 감정들이 파도처럼 물결을 일으킨다.

알작지를 지날 때, 몽돌들이 파도에 몸을 맡기며 서로 스친다. 그 소리는 파도에 젖은 어쿠스틱 기타의 잔잔한 연주 같다. 곶자왈에 부는 바람은 베이스 기타의 가벼운 터치로 울리는 음처럼 가라앉는다.

바닷가 길도 좋지만 나는 중산간 마을을 걷는 것도 좋아한다. 가끔 막은창(막다른 길)이 나와 되돌아갈 때도 있지만, 오래된 시간을 품은 마을 길을 걸으면 생각을 정리하기에 좋다.

오름을 오르는 길은 경쾌한 리듬을 가지고 있다. 산비탈을 따라 한 걸음씩 내디딜 때마다, 내 심장은 빠르게 고조된다. 그 리듬은 드럼의 박자처럼 단단하고 정확하다. 숨이 가빠질수록 내 안의 긴장감도 쌓여 가지만, 꼭대기에 가까워질수록 음악은 클라이맥스를 향해 다가가는 듯하다. 꼭대기를 향한 마지막 몇 걸음은 나를 기다리고 있는 피날레다. 그리고 정상에 오르면, 다시 고요가 찾아온다. 마치 아주 오래전에 불을 뿜었던 분화구처럼.

때로는 길을 걷다 멈출 때, 섬은 잠시 나를 쉬게 한다. 그 순간은 음악이 끝난 후의 여운과도 같다. 모든 소리가 사라진 고요 속에서, 나도 잠시 멈춘다.

이 섬에서 걷는다는 것은 내 감정을 천천히 듣는 일이다. 바람과 파도, 그리고 자연의 소리들이 모두 나의 감정과 함께 어우러져 하나의 음악을 만들어 낸다. 그리고 그 음악은 멈추지 않는다.

제주어 마음사전 2

4부

시간의 조난자들은 서귀포 바당에

천지만지
흔하게 널려 있을 정도로 아주 많다.

　표준어에서도 '천지'는 '아주 많다'는 뜻이 있다. "들꽃이 지천에 폈다."라는 식으로 쓰는 '지천'이라는 말에서 글자 순서를 바꾼 것 아닐까. '가득히 많다'는 뜻의 제주어는 '지깍'이다.
　천지(天地)는 또한 백두산 정상에 있는 분화구를 칭하는 말이다. 우리 민족의 원류를 말할 때 신성시하는 백두산의 꼭대기다운 말이다. 하늘 아래 첫 땅이라는 신령스러운 말일 터. 대동여지전도에는 천지가 달문(闥門)이라 표기되어 있는데, 아마도 하늘로 드나드는 문으로 생각했던 것 같다.
　제주 신화의 시작은 「천지왕본풀이」인데, 개벽 신화를 여는 신이 바로 천지왕이다. 천지는 아무래도 온 세상을 뜻하는 말인 것 같다. 그런데 제주에서는 깊숙한 골목을 '천지왕골목'이라고 말한다. 너무 어둡고 깊어 신비로움이 있어서 그렇게 부른 걸까.
　천지와 견줄 만한 곳이 한라산 백록담(白鹿潭)이다. 하얀 사슴 연못인 이곳은 백록 전설을 품고 있다. 탐라가 백제의 지배를 받을 때나 조선 시대에는 사슴을 진상했다는 기록이 있다. 흰 사슴은 무척 희귀하여 신선이 타고 다니는 영물(靈物)로 여겼다. 장수를 기원하는 십장생에도 사슴이 들어간다. 사슴은 천 년을 살면 청록(靑鹿)이 되고 오백 년을 더 살면 백록(白鹿)이 되고, 다시 오백 년을 더 살면 흑록(黑鹿)이 된다고 한다.

  이 백록담에도 주소가 있다. 제주도 서귀포시 토평동 산15-1. 이 주소로 편지를 부치면 흰 사슴이 받아 볼까. '산15-1'이라는 이름으로 제주의 작가들 몇 명이 모여 문학 웹진을 만들었다. '산15-1'의 구독자가 천지만지 늘어나면 좋겠다.

천리
이장. 묏자리를 한 곳에서 다른 곳으로 옮기는 일.

　제주의 쉰들러라 불리는 문형순은 제주도 오등동에 있는 평안도민회 공동묘지에 잠들어 있었다. 뒤늦게 국가 유공자로 인정이 되면서 국립제주호국원에 안장되었다. 뒤늦은 천리에는 이념을 둘러싼 대립이 있는 것으로 보여 안타깝다.

　국가보훈부로부터 뒤늦은 서훈을 받은 것은 4·3 당시 무고한 양민을 살려서가 아니다. 독립운동도 아니고 6·25 참전이 인정되었다. 국가 유공자로 인정된 것은 늦게나마 잘된 일인데, 진즉에 4·3 당시의 행동에 대한 유공자 인정이 되었어야 하는 인물이다.

　독립운동을 했으나 자료가 부족하다고 거절당하고, 한국 전쟁 당시 경찰관으로 지리산 전투사령부에서 근무한 이력을 확인하고 독립 유공이 아닌 참전 유공으로 인정이 됐다. 어찌 됐든 국가유공자로 인정이 됐지만, 독립운동이나 4·3 당시의 행적이 국가로부터 인정받지 못하는 것 같아 안타깝다.

　1897년 평안남도 안주에서 태어난 문형순은 신흥무관학교를 졸업했다. 일제강점기 광복군 소속으로 항일 무장 독립운동을 했다. 해방 후에는 제주경찰청 기동경비대장으로 근무했다. 4·3이 한창이던 1949년 모슬포 경찰서장으로 근무할 때 즉결 처분을 앞둔 수백여 명의 목숨을 구했다. 1950년 성산포 경찰서장으로 근무하면서도 상부의 명령을 불이행하고 주민들의 생명을 지켰다.

하지만 그의 노년은 쓸쓸했다. 퇴직 후 무근성에서 쌀 배급소 직원, 대한극장 매표원으로 일하다 1966년 향년 70세의 나이로 제주도립병원에서 가족도 없이 홀로 생을 마감했다. 모슬포 진개동산에는 그의 공덕비가 있고, 제주경찰청에는 그의 흉상이 있다.

삼성혈 앞에서 찍은 그의 사진이 백과사전에 있다. 건장한 체구에 강단 있는 모습이다. 대부분 친일 경찰이었던 당시에 그는 독립군 출신이기에 상관들도 그를 함부로 하지 못했다고 한다.

요즘은 독신이 많은 시대이지만, 당시에 결혼도 하지 않은 채 혼자 사는 모습은 흔치 않았을 것이다. 분단 이후에는 고향에 가지 못해 더 많이 외로웠을 터다. 따뜻한 오월에 그의 묘지가 양지바른 곳으로 천리를 했다. 그래도 이제 새로운 봄빛을 받으며 엷게 웃을 것 같다.

청
꿀.

'청'은 '꿀'이라서 '꿀물'은 '청물', '꿀벌'은 '청벌', '꿀통'은 '청통'이 된다.

제주는 따뜻하면서 꽃이 많아 양봉을 하기에 최적지인 것으로 알려져 있다. 꿀벌이 특히 좋아하는 유채꽃, 벚꽃, 메밀꽃, 때죽나무꽃이 제주에 많이 있다. 하지만 몇 해 전에 이 섬에 많던 꿀벌들이 한꺼번에 사라지는 기이한 현상이 나타났다. 그 원인은 기후 변화 때문이라고 한다. 벌이 사라지면 훗날 인간도 사라지게 된다는 말은 널리 알려진 과학 상식이다.

어렸을 때 골목길에 송악이 있었는데, 가을에 노란 꽃이 폈다. 벌들이 그 송악 꽃을 좋아해서 모여들었다. 어린 나는 종이로 손을 감싸고 벌을 잡는 장난을 했다. 벌에 쏘이면 아프니까 조심하면서. 하지만 나는 그만 벌에 쏘이고 말았다. 그렇게 벌들을 괴롭혔으니 인과응보였다.

다음 날 일어나 보니 벌에 물린 손이 아주 크게 부었다. 우락부락하게 손이 커졌다. 문제는 그날 초등학교 대항 축구 시합이 있었던 것. 지금도 기억이 난다. 상대는 신제주초등학교였다. 나는 학교 대표로 출전했다. 걱정했지만 별수 없이 학교 운동장에 나갔다. 비공식이긴 하지만, 다른 학교 학생들과의 경기라서 양쪽 학생들 모두 꽤 긴장하고 있었다.

어디서 본 건 있어서 우리는 횡대로 길게 서서 서로 악수를 했다. 상대방 선수가 악수를 하려고 손을 내밀었다가 깜짝 놀라 움찔하였다. 그걸 보고 우리 선수들이 킬킬대며 웃었다. 왕손으로 기선 제압을 한 것.

하지만 경기에서는 10 대 0인가, 12 대 0으로 졌다. 내 부은 손이 초라하게 작아 보였다.

꿀에 관한 일화로는 이런 일도 있었다.

처음 해외여행으로 태국에 갔을 때의 일이다. 패키지 관광이라 중간중간에 물건을 파는 곳에 들러야만 했다. 그곳에서 로열젤리가 눈에 들어왔다. 판매원의 꿀 바른 말에 그만 넘어가 버리고 말았다. 거금을 들여 그 꿀을 샀다. 고혈압에 특효약이라는 말에 아버지가 떠올랐다.

귀국해서 아버지에게 드리니 아버지는 사양하는 시늉을 하면서도 은근히 좋아했다. 그리고 며칠 뒤 아버지와 나는 거실에서 TV로 〈PD수첩〉을 보고 있었는데, 경악하게 되었다. 내가 태국에서 비싼 돈 주고 산 꿀이 가짜라는 것. 설탕물보다 몸에 더 안 좋다는 것. 아, 아버지, 불효자를 용서하소서.

인류는 아주 오래전부터 꿀을 먹었다. 수천 년 전부터 벌을 사육했다. 밀원(蜜源)은 벌이 꿀을 빨아오는 원천인데, 예술로 보자면 뮤즈인 셈이다. 내게 예술의 생명력을 불어넣어 주는 화수분은 무엇일까. 그것은 아마도 음악일 것이다. 음악이 나의 밀원이다.

치메깍
치맛자락.

제주어 '깍'은 '끄트머리'를 뜻하는 말이다. 서귀포시 효돈천 하류와 바다가 만나는 지점을 '쇠소깍'이라 한다. '쇠'는 '효돈마을', '소'는 '못', '깍'은 접미사로 '끝끄트머리'을 의미한다. '치맛자락'을 '치메깍'이라는 말하는 것은 절묘하다. 치마의 끝이 치맛자락이기 때문이다.

'눈초리'는 '눈깍'이다. 몹시 고단하여 눈이 퀭한 것을 '눈깍 돌라지다'라고 말한다. '바람이 불어오는 곳'은 '브름머리'이고, '바람이 불어 나아가는 쪽'은 '브름깍'이다. 바람이 잘 부는 곳을 '브름코지'라 하는데, '코지'는 '도드라져 튀어나온 곳'을 뜻한다.

내가 두린 때나이가 어리고 생각이 모자란 시기 나는 너무 몰명져미련하여 야무지게 제 할 일을 하지 못해 엄마 치메깍 뒤에 숨곤 했다. 친척들이 집에 오면 부치럼부끄러움 많은 지집아이계집아이추룩처럼 굴었다.

엄마가 일찍 돌아가시고, 나는 냉장고 옆에 쭈그리고 앉아 있곤 했다. 나의 방과 후는 늘 서늘했다.

초등학교 졸업식 때 엄마는 한복을 곱게 입고 왔다. 한복 치메깍이 브름에 가만히 흔들렸다.

칭원ᄒ다
억울하고 서럽다.

제주도는 가는 곳마다 다 4·3이 서려 있다. 며칠 전에는 서귀포 정방폭포 부근을 서성거렸다.

정방폭포 일대는 4·3 당시 산남 지역 최대 학살지였다. 군경 토벌대는 1948년 11월부터 이듬해까지 초토화 작전 소개령에 따라 정방폭포와 인근 소남머리 일대에서 250여 명을 집단 총살했다. 희생자 중에는 세 살 아이도 있었다.

서귀면사무소에 2연대 1대대가 주둔했다. 근처 단추 공장과 전분 공장에 사람들을 수용하면서 해안 절벽에서 즉결 처형했다. 진나라 때 불로초를 찾아 제주도에 왔다는 서복을 기념하기 위해 세운 서복전시관 자리에 전분 공장이 있었다.

4·3의 한복판이었으나 안내판 하나 제대로 없는 것이 유족들은 서러웠을 것이다. 하지만 위령비를 세우는 과정은 쉽지 않았다. 폭포 부근에 위령비를 세운다고 하자 마을 주민들이 반대했다. 근처에 칠십리 음식특화거리가 있는데, 어두운 역사를 기념하는 공원을 만들어 놓으면 부정적인 인식을 사게 된다는 의견

이었다.

볼썽사나운 현수막이 나부꼈다. 4·3은 오랫동안 숨어 있었다. 겨우 양지로 데리고 나왔는데, 여전히 4·3을 감추려는 사람들이 있다. 우여곡절 끝에 비가 세워졌다.

논란이 있으면서 시간을 끌었는데 위령비의 위치는 못내 아쉽다. 위령비는 곱을락숨바꼭질하는 것처럼 숨어 있다. 위령비를 찾아가려면 주위를 잘 살펴야 한다. 큰길가에 있어서 지나는 길에도 볼 수 있으면 좋으련만 잘도 곱져 두었다숨겨 두었다.

서귀포 서복전시관에서 정방폭포 가는 길에 정방폭포 일대에서 희생된 사람들을 추모하는 위령 공간이 있다. 서복전시관의 정원으로 들어가 연못을 지나면 그늘진 곳에 위령비가 있다. 조형물은 문을 형상화해 화해를 의미한다고는 하지만 위치가 오히려 닫혀 있는 느낌이다.

근처에 작은 습지가 있다. 오래전에 축조한 돌들에 푸른 이끼가 서려 있다. 큰 폭포로 가는 길목에 군데군데 물이 고여 있는데 폭포로 흘러가 떨어지지 않으려고 물웅덩이가 형성된 것 같다는 생각이 들었다. 정방폭포에 4·3의 비극을 전하는 안내판은 없다. 정방폭포를 보는 사람은 구경이 끝나면 주차장으로 갈 테고, 서복전시관에 왔던 사람도 주차장으로 돌아서서 가야 하는 동선대로 움직인다면 그 사이에 있는 위령비를 찾는 사람은 많지 않을 것 같아 쓸쓸한 기분이 들었다.

그래도 이렇게 위령비를 세웠으니 희생된 사람들의 넋이 조금이라도 위로가 될 수 있겠지. 칭원훈 마음 잠시 머물다 가는 곳이다. 공원 느낌이 나는 정원에 있으니 앞에서 아이들이 뛰놀기 좋고, 벤치가 있어 앉아서 두런두런 얘기를 나눌 수도 있다. 이러한 공간이 만들어지기까지 문학은 어떻게 제주의 아픔을 위무했을까. 우선 이 기막힌 사건을 말해야 했다.

정방폭포 상단에서 자구리 쪽으로 이어지는 해안선이 소남머리다. 소나무가 많은 동산이라서 소남머리로 불렸다. 흔히 정방폭포에서 떨어졌다고 말하지만, 이 소남머리라 칭하는 낭떠러지가 비극의 장소다. 소남머리 끝 자구리에는 1980년대에 보육원이 있었다고 한다.

위령비를 지나 자구리 쪽으로 난 산책길을 걸으면 안내판이 있다. 그곳은 올레꾼들이 많이 다니는 길이다. 차라리 그곳에 위령비를 세웠으면 하는 생각도 들었다.

서귀포에는 남영호 조난자 위령탑이 있는데, 그 위령탑도 위치를 옮겨 다니는 수모를 겪었다. 원래 서귀포항에 건립되었으나 항만 확장을 이유로 영천동 골프장 인근 산속에 옮겨졌다. 찾아가기도 힘들고, 풀들이 무성해 망각을 강요받았다. 다행히 지금은 정방폭포 주차장에서 소라의 성 가는 길에 자리하고 있다.

비극은 감춘다고 해서 사라지지 않는다. 더 양지쪽으로 드러내 기억하고 추모해야 같은 잘못을 반복하지 않을 것이다. 소남머리 안내판 너머로 섶섬이 보인다. 시간의 조난자들은 서귀포 바다에 잠들어 있다.

켄
~겠다고.

'켄'은 가능성이 있을 때 쓰는 말이다. 할 수 있다는 뜻이라 영어의 'Can'과 발음이 비슷해 흥미롭다. 물론 우연이겠지. "경 ᄒ켄"은 "그렇게 하겠다고", "가켄"은 "가겠다고", "골으켄"은 "말하겠다고"이다.

제주어 중에는 이국적인 느낌이 나는 말이 많이 있다. "반하크라"는 러시아어 같은데 "반하겠네"라는 뜻이고, "목마르카브덴"은 프랑스어 같은데 "목마를까 봐서"라는 뜻이다.

'켄'과 'Can'은 발음만이 아니라 뜻도 같다. '켄'이라는 말에는 의지가 들어 있어서 좋다.

> 비 오켄은 비가 오겠다는 말
> 내리켄이 아닌 오켄은
> 사람처럼 대하는 말
> 비 온댄보다 비 오켄은
> 의지가 들어간 말

누군가 비 오켄 말하면
정말 비가 올 것 같은 말
목마른 날 이어지다 들으면
빗방울 소리를 설레며
듣게 되는 말
그 말에 이미 빗방울이 맺힌 말
비 오켄은 비가 오겠다는 말
보고 싶은 사람이
올 것 같은 말

-「비 오켄」

쿰다
품다. 품속에 넣거나 가슴에 대어 안다.

  어린 시절 마을에 있었던 상점들은 대개 가게에 딸린 방이 있는 구조였다. 주인은 방에 있다가 인기척이 나면 스르륵 미닫이문을 열고 가게로 나오곤 한다. 나는 그 구조가 부러웠다.

  장래 희망을 문구점 주인으로 생각했던 것 중 가장 큰 까닭은 그 여유로운 업무 환경 때문이었다. 사장님은 문을 반쯤 열어 놓고 벽에 기댄 채 손님을 기다렸다. 주인은 텔레비전을 보거나 라디오를 들었다. 가끔은 졸고 있어서 크게 소리 질러야 했다.

  제주에서는 가게에 들어갔을 때 "안녕하세요"나 "계세요?"라고 잘 하지 않는다. 어른들은 "양", 아이들은 "예"를 길게 뺀다. 느낌표와 물음표 중간 정도의 뉘앙스로 '여기 손님이 왔어요. 주인은 안에 있나요.'를 내포한 말이다.

  책방을 하면서 방이 딸린 가게를 하고 싶다고 생각했다. 햇볕이 따뜻한 어느 오후. 그 옛날 상점 그 주인처럼 나도 벽에 직산 흔 채 라디오를 듣다가 꾸벅꾸벅 존다. 반쯤 열어 놓은 문 사이로 라디오에서 흘러나오는 음악이 가게에 흐른다. 그러면 손님이 들어와 주인을 찾는다. 나는 꿈결인 듯 일어나 손님을 맞이한다. 하지만 방까지 있는 가게는 사글세가 비싼 편이라 그것은 정말 꿈이다.

내가 책방을 하게 된 것도 어쩌면 그 옛날 마을에 있었던 슈퍼들 때문인지도 모른다. 슈퍼는 슈퍼마켓의 줄임말이고, 그 작은 가게의 이름이 왜 '슈퍼'인지 의아했지만 사실 없는 게 없던 그야말로 슈퍼마켓이었다.

약국은 시내에 가야 있기에 비상약을 그 슈퍼에 가서 구했다. 편의점에서 상비약을 팔기 시작한 게 얼마 되지 않은 것을 보면 그렇게 마을 상점에서 약을 판 것은 불법이었던 것 같다. 하지만 그 법을 어기면서 아픈 환자들을 셀 수 없이 많이 구했을 것이다.

그 슈퍼의 인테리어 중에서 서주 아이스크림 냉장고나 담배 간판은 어느 가게에나 있었고, 주류 업체에서 나눠준 듯한 달력도 있었다. 비키니를 입은 모델들이 커버 걸로 있는 달력이었다. 상점 한편에 있는 테이블에서 동네 아저씨들이 모여 맥주를 마셨다. 그 테이블 위에 그런 달력이 걸려 있곤 했다.

상영 삼춘도 그 상점의 단골이었다. 아버지보다 몇 살 아래였는데, 아버지와 함께 화북공업단지에 있는 사료 공장에 다녔다. 하루 일이 끝나면 상영 삼춘이 그 테이블에 앉아 구운 오징어에 맥주를 마시곤 했다.

나는 준비물을 사러 그 상점에 갔다가 상영 삼춘을 마주치곤 했다. 상영 삼춘은 내게 용돈을 쥐여 주거나 내가 사는 물건을 대신 계산해 줄 때도 있었다.

그 삼춘은 요즘은 흔한 일이지만 나이 마흔이 되었는데 미혼이었다. 온 마을이 그 삼춘이 어서 장가들기를 소원할 정도였다.

훗날 나도 마흔 무렵에 결혼했다. 결혼식장에서 유독 상영 삼춘이 떠올랐다. 아버지가 고향 마을 사람들끼리 이어 온 계가 있어서 그 계모임 사람들이 하객으로 오긴 했으나 그 무리에 상영 삼춘은 없었다. 나중에 아버지한테 여쭈니 상영 삼춘은 결혼도 하고, 자식들도 다 있다고 들었다. 그때 참 다행이라는 생각이 들었다. 어린 내 눈에도 혼자 슈퍼 테이블에 앉아 맥주를 마시는 모습이 외로워 보였기 때문이다.

내가 만약에 맥주 회사에서 마케팅 일을 한다면 맥주에 대한 사연을 공모해 그 이야기로 맥주 에디션을 만들겠다. '상영 삼춘 맥주' 뭐 이런 식으로 말이다. 상품 가치가 있을지는 잘 모르겠지만.

지금까지 책방을 하면서 몇 번 자리를 옮겼는데, 호근동에서 책방을 할 때 그 자리가 예전에는 슈퍼였다. 실제로 슈퍼를 운영했던 주인집 할머니는 유리로 된 미닫이문 너머에 살고 계셨다. 책방에 머물고 있으면 가끔 안쪽 살림방에서 성경 외는 소리가 들렸다.

주인집 할머니의 말에 의하면 원래는 불교 신자였다가 집 근처에 교회가 생겨 기독교로 개종했단다. 종교가 다르면 어떤가.

마음 의지할 수 있으면 좋은 것이다. 마을에 무엇이 있는가가 이렇게 중요하다.

마을에 슈퍼가 있었기에 상영 삼춘은 퇴근해서 혼자 있는 집에 들어가기 적적할 때 그 슈퍼에 오래 머물렀을 것이다. 그러면 마을 사람들이 그 슈퍼에 들락거리면서 자주 이야기를 나누었을 것이고, 결국에는 온 마을 사람들이 상영 삼춘의 결혼을 염원하게 되었겠지.

사람들은 그러한 가게를 구멍가게라 불렀지만, 나는 그 말에 동의할 수 없다. 넓이는 비록 작았지만, 마을을 다 쿰었기에 아주 큰 가게라 칭해야 한다.

부부 싸움을 한 마을 아주머니들이 갈 곳은 그 슈퍼가 거의 유일했고, 문구점이 아닌데도 웬만한 학교 준비물은 다 있어서 아이들의 보물 창고였다.

배고프거나 어디가 아프거나 필요한 게 있으면 슈퍼를 찾았다. 신당이 마을 사람들을 쿰어 준 것과 같이 슈퍼가 신당 역할도 한 것. 그러니 그곳은 마을마다 한두 개 있었던 마음의 피난처이자 성소였다.

콜콜ᄒᆞ다
깨끗하다.

글씨를 보면 그 글씨를 쓴 사람의 마음을 알 수 있다. 곱닥ᄒᆞᆫ 글씨를 보면 그 글씨를 쓴 사람의 깔끔한 마음이 다가온다. 글씨를 잘 쓰지 못하더라도 정성 들인 글씨는 콜콜ᄒᆞᆫ 마음을 느낄 수 있다.

컴퓨터 폰트 중에 제주한라산체가 있다. 한라산의 위엄과 부드러움이 담긴 글꼴이다. 제주만의 독특한 분위기를 어떻게 서체에 담는 것인지 절묘할 정도로 제주한라산체를 보면 제주스러운 멋이 있다. 이처럼 글씨는 그 모양 속에 전하는 마음이 들어가게 된다.

어머니는 식칼로 연필을 깎았다. 마치 무를 깎듯 삭삭 깎았다. 어머니는 초등학교에 입학한 내게 바른 글씨를 강조했다. 여느 어머니든 그러했으리라. 글씨를 바르게 쓰듯 아이가 바른 자세로 살아가기를 바라는 마음이었으리라.

바른 글씨를 쓰기 위해서는 자세부터 바르게 앉아야 한다. 허리를 일자로 세우고, 연필을 바로 잡는다. HB연필은 무슨 품질

보증 마크 같았다. 2B는 힘을 약하게 줘도 진하게 나오기에 초등학교 저학년이 쓰기에 좋다.

나는 연필을 쥔 채 중지를 너무 눌러 지금도 손가락이 약간 파여 있다. 연필 잡는 모습이 독특하면 흉이 되는 시절이었다. 하지만 어떻게 쓰든 글씨만 좋으면 그만이다.

나는 어른의 필기체가 부러웠다. 학교 선생님의 흘려 쓴 글씨체가 뭔가 있어 보였다. 너무 또박또박 쓰는 것보다 몇 글자는 좀 아리송하게 쓰는 게 멋져 보이던 시절이었다. 한편 천재는 악필이라는 말을 상기하며 나의 악필을 위무했다. 그렇다고 내가 천재라는 말은 아니고.

나의 네 번째 시집 제목은 『마음에 드는 글씨』이다. 이 제목은 우리가 흔히 상대방에 대해 한 가지가 마음에 들어서 관심을 갖게 된다는 점에서 착안했다. 누가 쓴지 모르는 글씨를 보고 그 사람에 대해서 호감이 생길 수 있지 않을까. 글씨가 마음에 들듯 마음에 드는 목소리, 마음에 드는 말투, 마음에 드는 옷차림 등.

청운동에 있는 윤동주문학관에서 윤동주의 육필을 처음 봤을 때 윤동주의 마음까지 모두 다가왔다. 잘 쓴 글씨는 아니고, 그렇다고 힘주어 쓴 글씨체도 아니고, 작은 새 발자국처럼 여리고 짧은 획으로 쓴 글씨에는 윤동주의 차가우면서도 따뜻한 마음이 들어있다.

요즘은 편지를 '손 편지'라 부르기도 한다. 손으로 쓰는 글씨가 귀하기 때문이다. 컴퓨터로만 글을 쓰다가 오랜만에 펜을 들고 쓰면 어색할 때도 있다.

  나는 고전적이고 정갈한 명조체를 좋아한다. 컴퓨터로 쓸 때는 함초롬바탕체가 익숙하다. 엽서체는 친근한 마음이 들고, 강체는 맑은 강물 같다. 요즘은 폰트를 개발해 새로운 글씨체가 나오곤 하는데, 이름도 근사하다. 산돌구름은 뭉게구름 느낌이고, 클로바나눔손글씨는 사람들의 글씨체를 그대로 형상화했는데, 할아버지 글씨, 외할머니 글씨, 아빠 글씨 등을 보면 정말 그 나이와 인생에 따라 나오는 글씨가 있는 것만 같다.

툴ㅎ다
세련되지 못하고 거칠거나 투박하다.
성미가 다른 사람들과 잘 어울리지 않고 고분고분하지 못하다.

 상영 삼춘은 툴흔 삼춘이었다. 사람들은 나이 마흔이 되어도 장가를 가지 못한 상영 삼춘을 두고 성격이 툴해부난 그렇다며 혀를 찼다. 다정함이 없었다. 늘 45도 정도 허공을 쳐다보는 시선이었고, 퉁명스럽게 말했다.

 야구 선수 선동열을 닮은 곱슬머리에 마른 몸이었다. 툴흔 성격이었지만, 아이들과는 이상하게도 잘 놀아 주는 편이었다. 그래서 어떤 사람은 그런 상영 삼춘을 보고 "작산다 큰 것이……." 하고 나무랐다.

 형 느낌이 들었다. 개구리 잡으러 별도천에 함께 간 적도 있었다. 친절하진 않았지만, 대장 노릇을 하려고 으스대는 모습이 어린 우리의 눈에도 다 보였다.

 고향 마을에 공업단지가 들어서면서 아버지와 상영 삼춘은 비료 공장에 다니게 되었다. 일이 끝나면 아버지와 상영 삼춘은 늘 상점 앞에서 맥주를 마셨다. 그때 아버지의 옷에서는 늘 비료 냄새가 났다. 비료는 농사지을 때 농작물이 잘 자라라고 뿌리는 거니까, 비료를 뒤집어쓴 듯한 기운의 아버지는 그때 키가 좀 더 컸는지도 모른다.

화북공업단지가 생긴 것은 1987년이었다. 6월 항쟁이 일어난 해. 한국의 민주주의는 왜 회사 앞에 와서 무너지는가, 라는 말이 지금도 여전한데, 그해 노동자 대투쟁이 있었고, 이듬해 전국 노동자 대회가 있었다.

상영 삼춘은 자전거를 타고 출퇴근을 했으나 그만 트럭에 치여 병원에 입원하게 되었다. 계모임에서 돈을 모아 문병을 갈 때 나도 따라갔다. 두 다리에 붕대를 친친 감고 누워 있던 상영 삼춘은 아버지에게 비료 공장에 대해서 물었다.

"잘렸어. 다른 사람 들어왔더라."

아버지가 힘없는 목소리로 말했다. 나는 그 회사가 원망스러웠다.

1980년대나 지금이나 제주도는 관광 산업이 주요 산업이다. 쾌적한 제주도 관광 환경을 위해 공장들을 한곳에 모으기 시작했다. 공단에는 토산품 제조업 공장도 꽤 있었다.

나와 친구들은 돌하르방 공장에서 버리는 돌하르방을 주우러 가곤 했다. 어른 손보다 작은 크기였는데, 팔이나 얼굴이 떨어져 나가 상품으로 쓸 수 없는 돌하르방들이었다. 하지만 우리는 그런 것들 중에서 그나마 몸 성한 것들은 갖고 왔다.

"퉅혼 거 가져왕 뭐하젠?"

상처 있는 돌하르방을 집에 들이면 어머니가 존다니(잔소리)를 했다.

상영 삼촌은 복직하지 못했다. 다시 귤밭을 빌려 농사를 지었다.

내가 고등학생이 되었을 때 하드 록에 빠졌는데, 화북공업단지의 풍경이 록 밴드 앨범 재킷을 닮았다는 생각이 들었다. 최근 화북공업단지를 이전한다는 계획이 발표되었으나 이전 예정지로 거론되는 모든 마을들이 강력히 저항해 무산되었다.

왜 꼭 모아 놓으려고만 할까. 흩어져서 그곳에 있는 것들과 함께 어울려 지내면 안 될까.

튼나다
생각이 나다.

'튼내다'로 쓰이면 "일부러 생각해 내어 마련하다"라는 뜻이다. '구멍'을 제주어로는 '트멍'이라 하는데, "어떠한 시간의 틈(여유)"으로 이 말을 쓰기도 한다. 그러니 '튼나다'는 "잘 생각해서 인식하는 것"이라는 의미가 있다.

내가 이 글을 쓰는 까닭도 어떠한 일들이 튼나기 때문인데, 잊힌 기억도 글을 쓰다 보면 어느새 튼나는 경우가 있으니 묘한 일이다.

나의 이십 대를 튼내 보면 주된 배경은 영화관이다. 〈키노〉를 애독하던 나는 영화에 빠져 거의 매일 비디오테이프를 빌려 봤다. 그래서 영화 관련 일을 하고 싶었고, 그때 나는 영화관 영사실에 취직하였다.

예전에는 아카데미 극장이었고, 그다음에는 재밋섬과 메가박스 영화관이 있었고, 지금은 제주아트플랫폼이 있는 곳. 그곳을 오랜만에 찾았다. 입구에는 오래된 영사기가 전시되어 있다. 그곳에서 진행된 북 토크를 구경했다. 그곳에 앉아 있으니 기억의

필름이 좌르륵 돌아가더라.

열다섯 무렵에 영화를 보러 갔다가 극장 근처에서 고등학생 형들에게 삥 뜯겼다. 갖고 있는 돈 다 내놓으라, 숨겼다가 나오면 10원에 한 대라며 으름장을 놓았다. 나는 순순히 돈을 내놓았다. 영화는 보지 못하고 돌아가야 했지만, 통행료 정도로 여겼기에 크게 억울하게 생각하지는 않았던 것 같다.

스무 살이 되어 그 건물 영사실에서 영사기 보조로 일했다. 말 그대로 시다였기 때문에 급여가 아주 적었다. 하지만 영화를 실컷 볼 수 있어서 좋았다. 보통 영화 한 편을 보는 동안 두세 번 필름 통을 교체한다. 동그란 표시가 깜박이면 서둘러 다음 필름을 영사기에 걸어 놓는다. 일은 힘들 게 없었다.

내가 사수에게 급여가 너무 적은 것 같다고 말하자 사수는 자못 진지한 표정을 지으며 말했다. "영화판이 좀 짜다." 영화관에서 일하는 것도 영화판에 발을 들여놓은 건지 알 수 없었지만, 그 말을 들으며 영화인이 된 것마냥 으쓱한 마음이 들었던 것 같다.

그 무렵 〈키노〉 잡지를 애독했다. 월간지가 나올 때가 되면 서점에 가서 구입해 읽곤 했다. 대부분 볼 수 없는 영화였지만, 리뷰를 읽으며 영화 내용을 상상했다. 뒤늦게 헌책방에서 과월호를 구입하기도 하였다.

그때 그래도 좋았던 건 영화 상영이 끝나고 다음 영화를 상영하기 전 쉬는 시간에 음악을 틀 수 있다는 점이었다. 사수가 내게 준 권한이었다. 그것이 내게는 무척 설레는 순간이었다. 마치 디제이가 된 기분이었다. 나는 집에 있는 카세트테이프를 갖고 와서 음악을 틀었다.

글렌 메데이로스, 웸, 데비 깁슨 등을 틀었다. 영화를 보기 위해 좌석에 앉아 있는 사람들이 내가 선곡한 음악을 듣고 있다는 게 설렜다. 음악은 그렇게 표현과 메신저가 된다.

하지만 그 일은 오래 하지 못했다. 대학 입시에 실패한 나는 재수를 하고도 다시 실패했다. 그리고 군대에 갔다. 모처럼 휴가를 나와 심야 영화를 보러 그곳에 갔는데, 영화를 보면서 자꾸만 뒤쪽 영사실 쪽을 뒤돌아보았다. 영화가 끝나고 인사라도 드리려고 가 봤으나 다른 사람이 있었다.

북 토크가 다 끝나기 전에 나는 슬그머니 그곳에서 빠져나와 건물 다른 층을 둘러보았다. 기억은 지하 몇 층에 쌓여 있는 걸까. 영화, 음악을 좋아했던 그 청년은 그래도 지금은 시를 메신저 삼아 누군가에게 가기를 고대한다.

팡돌
사람이 앉거나 물건을 올려놓기 알맞게 넓적한 돌.

 제주 마을에는 으레 큰 폭낭㎖나무이 있어서 마을 사람들은 그 폭낭 그늘 아래에 모여 정담을 나누었다. 산업화 이후에 마을 사람들은 슈퍼에 있는 테이블이나 평상 위에 모여 앉았다. 그 폭낭 아래 사람들이 앉을 수 있게 된 돌을 팡돌이라 한다. 쉬었다 가기에 쉼팡이라 하고, 물허벅물동이을 올려놓으면 물팡이 된다.

 지금이야 자주 가는 편의점이 있지만, 용담에 살 때는 자주 가는 슈퍼가 있었다. 골목길 모퉁이에 그 가게가 있었다. 늙수그레한 남자 주인이 가게를 봤다.

 대형 마트나 편의점에 밀려 점점 사라지는 여느 슈퍼들처럼 그곳도 빛바래고 먼지 쌓인 물건들이 슈퍼의 쇠락을 여실히 보여 주고 있었다.

 그곳에서 주로 라면을 샀다. 그런데 나는 그 사장님이 못마땅했다. 남자 손님에게는 무뚝뚝하고, 여자 손님에게만 친절했기 때문이다.

한번은 술 취한 사람이 가게 주인과 실랑이를 벌이고 있었다. 술 취한 사람이 공병을 돈으로 바꾸고, 그 돈으로 다시 술을 사려고 하는데, 그 공병들이 클린하우스(재활용 센터)에서 봉가 온 주워 온 것들이라서 주인이 문제 제기를 했다. 술 취한 사람은 공병을 어디에서 가져오든 무슨 상관이냐고 항변했고, 주인은 그것도 그것이지만 이미 술에 취했으니 그만 집으로 가라는 식으로 말렸다.

내가 십 년 정도 살던 용담은 제주공항을 끼고 있는 동네였는데, 원도심과 공항 사이에 낀 채 슬럼화가 된 동네였다. 사람들은 용담을 '죽은 동네'라 심심찮게 불렀다. 용담에서는 날이 풀려 봄이 오면 인도에 술 취해 널브러진 사람들이 나타나기 시작한다. 그런 풍경으로 봄이 오는 것을 맞이하곤 했다.

지금이야 편의점이 곳곳에 있지만, 제주의 동네에는 나들가게들이 꽤 오랫동안 슈퍼 다음 기능을 수행했다. 대형 마트 등으로 골목 상권이 위기에 놓이자 중소기업청의 지원 정책으로 생긴 가게라는 건 나중에야 알았다.

저지에서 태어나고 유년 시절에 용담으로 이사와 먹돌세기 집에서 구짝(줄곧) 사는 김세홍 시인네 집에 갈 때는 집 근처 나들가게에 들르곤 했다. 나들가게는 편의점만큼 세련되지는 않았지만 과일이나 반찬을 파는 경우도 많아서 정겹다. 그 나들가게에서 막걸리를 사서 그 시인네 집에 찾아가곤 했다.

오랜만에 상점을 찾으면 사라지고 없는 경우가 비일비재하다. 대물림 받아 운영하는 사장에게 전 주인의 안부를 물으면 몇 해 전에 돌아가셨다는 얘기를 듣게 된다. 아예 다른 건물로 바뀌어 버려서 물어볼 데도 없는 경우가 허다하다.

골목길이 너무 조용하다. 뛰노는 아이들도 없고, 시비가 붙어 싸우는 모습을 보기도 어렵다. 술에 취했는데도 마지막 술자리는 꼭 김세홍 시인네 집에서 이루어져 종종 들르곤 했던 그 가게에 안 간 지도 몇 년 지났다.

편의점 앞 테이블에서 술잔을 기울이는 사람들을 간혹 볼 수 있다. 가림막도 없어서 흙먼지 날리는 곳이지만, 그곳에서는 저녁이면 샛별도 볼 수 있다. 주머니 사정이 넉넉하지 않은 사람들이 둘러앉아 술잔을 부딪치기에 좋다.

편의점에서 마시는 술의 안주로는 오다리만 한 게 없다. 종이컵에 부은 술을 마시고, 오징어 다리 하나만으로 오래 씹을 수 있어서 좋다. 그곳에서는 나라님도 욕하며 정치 얘기가 오간다. 모두 시국을 걱정하고, 침 튀기며 국정을 논한다. 가끔 언성이 높아지면 그제야 골목길에 생기가 돈다. 편의점 직원이 좀 조용해 달라고, 민원 들어온다고 주의를 주면 우리 착한 아저씨들은 금세 다소곳해진다.

이젠 마을 폭낭도 사라지고, 슈퍼도 사라지고 있다. 용담사거리에서 서쪽 길가에 있던 '제주슈퍼'는 오랫동안 그 자리를 지켰던 노포였으나 안타깝게도 최근에 사라졌다. 동네 슈퍼가 사라지는 것은 마을의 오래된 큰 나무가 베이는 것과 같다. 극장 같은 큰 건물이면 사람들이 보존해야 한다고 목소리를 내지만, 작은 가게들은 세월의 더께에 비해 너무 쉽게 사라진다.

  팡돌은 오랫동안 제주 마을의 의자였다. 여전히 폭낭 그늘 아래 팡돌에서는 마을 삼춘들이 질그렝이(지그시) 앉아 정담을 나눈다. 길 가다가 인사를 건네면 설촌 유래부터 마을 이야기를 늘어놓을 것이다. 그 팡돌은 오랜 세월 제주 마을을 받치고 있었다.

헤치
십이 간지 띠.

 어렸을 때부터 신문에 실린 '오늘의 운세'를 살피는 것을 좋아했다. 서너 줄의 그 글들은 대개 어떠한 것을 경계하라는 말이거나 긍정적인 자세나 행동을 권하는 내용들로 채워졌다. 사실 그 문장들을 멩심호민마음에 새겨 두어 조심하면 만사가 잘 풀리게 된다. 문제는 하지 말라고 하는 걸 기어코 저질러 화를 일으키는 것이다.

 그 운세는 몇 년생 무슨 띠로 구분하여 적혀 있다. 나는 호랑이 헤치인데, 형은 쥥이 헤치, 아버지는 양 헤치라서 식구들의 운세까지도 살폈다.

 띠는 십이 간지로 구성된다. 쥐, 소, 호랑이, 토끼, 용, 뱀, 말, 양, 원숭이, 닭, 개, 돼지. 태국에는 돼지 대신 코끼리 띠를 쓴다. 그런데 고양이 띠는 왜 없을까. 그 까닭은 옛날이야기로 전해 온다. 강 건너기 수영 대회를 해서 순서대로 띠를 정하기로 했다. 쥐와 고양이는 수영을 못해 소 등에 타서 강을 건너는데 그만 쥐가 고양이를 밀어서 고양이는 물에 빠지고 말았다. 결국 쥐가 첫 번째로 들어가고, 소가 두 번째로 들어갔다. 그런데 베트남이나 네팔에는 고양이 띠가 있다. 그래서 팝송 중에는 알 스튜어트의 〈고양이의 해(Year Of The Cat)〉가 있다.

 '헤치'는 표준어 '헤치다'로 오해하기 쉽다. '헤치다'의 제주어는 '헤쓰다'이다. '뒤집다'는 '뒈쓰다' 혹은 '가르싸다'이다. 이왕 말하는 거 더 말하면, '던지다'는 '데끼다'이고, '그만두다'는 '설르다'이다. '벌어지게 하다'는 '벨르다'이고, '벌어지다'는 '벨라지다'이다. 이 '벨라지다'는 '잘난 척하면서 까분다'는 뜻도 있다. 그런 사람을 '벨레기 똥'이라 부른다.

ᄒᆞ민
하면.

"ᄒᆞ민 이녁 좀 든 밤 꿈 소곱에 촛아강 솔째기 얘기 들엉 오쿠다."

변진섭의 노래 〈숙녀에게〉를 제주어를 바꿔 부르면 이렇게 되겠지.

육지에 갔다가 돌아오는 비행기에서 창밖으로 제주도가 보이면 안도하는 마음이 든다. 제주 도착 5분 전, 비행기 아래 제주도가 보인다. 돌담과 낮은 집들. 비행기가 착륙하면 제주도 바람이 파도처럼 밀려올 것이다.

제주도를 느리게 걷다 보면 작은 분교나 바닷가 마을의 골목길을 걷는 사람을 볼 수 있다. 그 사람은 쉬는 시간 5분 전의 마음으로 걷는 사람이다. 지친 일상 속에서 진정한 쉬는 시간은 너무 멀리 있다. 쉬는 시간 5분 전의 마음으로 기대하며 살려고 해도 오랜 시간이 지났는데 정작 쉬는 시간이 오지 않아서 더 지친 사람들이 있다.

쉬는 시간을 찾아 제주로 이주해 오는 사람들이 있다. 그중한 명이 작곡가 애월(물론 예명이다)이다. 그는 제주에서 나고 자란 해국 같은 소녀 허란을 만나 쉬는 시간을 기다리는 마음의 노래를 들려준다. 제주어와 서정이 만나는 지점에서 따듯하면서도 차가운 허란의 목소리가 뼁이(삘기)처럼 빛난다.

선흘의 가벼운 바람 소리를 닮은 목소리. 손오목에 꼭 맞는 돌처럼 제주어가 얼마나 작고 소중한지 두 눈을 감으면 잔잔하게 다가온다. 쉬는 시간을 기다리는 마음은 사랑을 기다리는 마음이다.

제주의 말은 자장가처럼 들릴 때도 있다. 폭낭 그늘에 누워 눈을 감고 듣고 싶은 음악이다. 아주 먼 곳에서 사랑이 온다면 그 사랑과 함께 쉬는 시간을 맞이하고 싶다. 저 멀리에서 느리게 오는 사랑을 우리는 맨발로 마중 나가곤 한다.

가수 허란의 노래 중에 〈오구졍ᄒ민〉이 있다. "오구졍ᄒ민 ᄆᆞ음냥 와불라." 오고 싶다면 마음껏 오라는 말을 봄 햇살에 말리는 솜이불 같은 목소리로 부른다.

아버지와 어머니의 결혼사진.

부록
제주어 활용 문장 쓰기

- **고망: 구멍.**
  → 고망 하나에도 신이 들어가 좌정할 수 있다는 믿음이 있었다.

- **갯것이: 바닷가. 썰물일 때 해산물을 잡을 수 있는 바다 밭. '갯것'이라 부르기도 한다.**
  → 갯것이 사람들은 물때를 가늠해서 바릇잡이_{조수 웅덩이 같은 바닷가에서 행하는 수산물 채취 방식}를 한다.

- **귀창: 귀청. 고막.**
  → 새로 산 스피커는 성능이 좋아 귀창이 얼얼할 지경이다.

- **그듸: 그곳. 거기.**
  → 그듸 도착하면 편지 보내 주세요.

- **꿩코: 꿩을 잡기 위해 꿩이 다닐 만한 길목에 설치하는 올가미 덫.**
  → 어린 시절에는 형 따라 들로 가서는 꿩코를 놓기도 했지.

- **낭: 나무.**
  - → 고향 집 뒤뜰에는 큰 비파낭비파나무이 있었다. 나는 그 낭 그늘에서 자랐다.

- **내낭: 내내.**
  - → 여름방학 내낭 바닷가에서 지내서 파도 소리가 귓가에 남아 있다.

- **내창: 하천.**
  - → 내창 작은 웅덩이에는 멘주기올챙이가 헤엄치고 있었다.

- **담상꾼: 행상꾼. 이리저리 돌아다니며 물건을 파는 사람.**
  - → 중산간마을에서는 바닷가 마을에서 오는 담상꾼 트럭이 드나들었다. 자리자리돔나 멜멸치 트럭은 바다 내음을 가득 싣고 마을로 들어왔다.

- **동골레기: 동그라미. 동글레기, 공돌레기라고도 한다.**
  - → 동골레기는 모나지 않고 동글동글해서 연필로 그리면 기분이 좋아진다.

- **두리다: 어리다. 나이가 적어 철이 덜 들다.**
  - → 새록이는 아직 두린 아이라서 세상 물정을 모른다.

- 말장시: 말을 잘하는 사람. 실속 없이 번지르르하게 말만 많은 사람.
  → 승주는 말장시라서 한번 말을 시작하면 날이 저물도록 그칠 줄 모른다.

- 모살: 모래.
  → 평대리 밭은 모살이 섞인 흙이라서 당근이 잘 자란다.

- 몸국: 모자반국. 돼지고기를 삶은 육수에 불린 모자반과 함께 메밀가루, 배추 등을 넣어 푹 끓인 국. 제주의 대표적 향토 음식으로 경조사 때 주로 먹는다.
  → 눈이 내리면 뜨끈한 몸국 생각이 간절해지지.

- 물마중: 해녀가 채취한 해산물을 그 가족들이 뭍으로 옮겨 나르는 일.
  → 엄마 물질이 끝나는 시간이면 나도 학교가 끝난 시간이라서 엄마가 있는 바다로 가곤 했다. 그곳에서 나는 물마중을 했다.

- 물ᄆᆞ르: 수평선.
  → 박목월 시인은 시 「배경」에서 물ᄆᆞ르를 "황홀한 띠"라고 표현했다. 제주에서 살면 그 표현이 마음에 와닿을 것이다.

- **물애기: 갓난아기.**
  → 갓난아기 때는 물애기, 여섯 살 정도 되면 두린아이, 중학생은 욕은아이, 고등학생은 작산아이, 대학생은 작산 것으로 부른다. 하지만 어른이 되어도 제구실을 못하면 궷것_{원래 뜻은 귀신이지만 덜떨어져 보이게 행동하는 사람을 비하하는 표현으로 주로 쓰인다}이라 부른다.

- **멩글다: 만들다.**
  → 제주어는 제주의 바람과 햇빛과 사람들이 멩글었다.

- **버렝이: 벌레. 곤충.**
  → 여름 곶자왈에 가면 버렝이들이 많다. 그리고 비 오는 날이면 볼 수 있는 버렝이도 있다.

- **번구름: 뭉게구름.**
  → 오름 꼭대기에 올라 번구름 보면서 기지개를 켜자.

- **볼레낭: 보리수나무.**
  → 아이들은 바닷가 근처 길가에서 볼레낭 열매를 먹고 구두미포구까지 달려갔다.

- **부름씨: 심부름.**
  → 신숙은 요망져서영리하고 아무져서 어렸을 때부터 부름씨를 잘했다.

- **베릿내: 중문 천제연폭포 부근 선녀다리 아래를 흐르는 하천의 하류. 별도천화북천의 옛 이름.**
  → 별빛이 내려와 흐른다는 베릿내에 가면 그리운 사람이 떠오르지.

- **벨: 별.**
  → 옛날 탐라 사람들은 벨을 보며 항해를 했다고 전해 온다.

- **벨롱벨롱: 여러 가지 색이 알락달락한 모양. 불빛이 반짝이는 모양.**
  → 저물녘 바닷가에 가면 벨롱벨롱 빛을 내기 시작하는 한치잡이 배를 볼 수 있다.

- **사름: 사람.**
  → 사름 사는 세상에서 서로 이해하면서 살아가야지.

- **산남**: 서귀포 지역을 지칭하는 말. 제주시는 산북. 산뒤, 산앞이라 구분하기도 한다.
  → 산남에 갈 때 숲터널을 지날 때가 나는 가장 좋아.

- **산물^1**: 용천수.
  → 삼양에 있는 산물 샛도리물은 얼음처럼 차갑다.

- **산물^2**: 진귤. 제주 재래 귤 중 하나.
  → 산물은 귀한 것이라서 약으로 쓰려고 해도 구하기 힘들었다.

- **산전**: 마을에서 멀리 떨어진 산중에 있는 밭. 4·3 당시 인민유격대장 이덕구와 산사람들이 머물던 곳을 산전이라 부르기도 한다.
  → 해마다 현충일에는 제주민예총 회원들이 산전에 가서 제를 올린다.

- **산탈**: 산딸기.
  → 별도봉 산책로에는 해마다 봄이면 산탈이 지천이다.

- **살레**: 찬장.
  → 엄마가 살레에 있던 지름떡기름떡을 꺼내 내게 내밀었다.

- **서툰바치: 어떤 일에 경험이 없어 솜씨가 서툰 사람.**
  → 세탁소를 시작한 지 얼마 안 되어서인지 그는 옷 수선에는 아직 서툰바치였다.

- **셋하르방: 둘째 할아버지.**
  → 셋하르방은 4·3 때 육지 형무소로 끌려간 이후 행불인이 되었다.

- **속다: 고생하다. 애쓰다.**
  → 종일 귤 밭에서 일을 하느라 속았지만 그래도 싱그러운 귤을 봐서 좀 나았다.

- **수눌음: 제주도식 품앗이.**
  → 그 어려웠던 시기에도 상명리 사람들은 수눌음을 하면서 어려움을 이겨냈다.

- **숭털다: 흉내 내다.**
  → 다른 사람만 숭털면 정작 자신의 것을 만들지 못하게 된다.

- **신사라: 신서란. 신설란.**
  → 알녁집아래쪽에 있는 집 대문 옆에는 신사라가 문지기처럼 지키고 있었다.

- **아이모른눈: 밤사이에 사람들 모르게 내린 눈.**
  → 크리스마스 아침에 눈을 떠 창문을 열어 보니 아이모른눈이 소복이 내려 온 마을을 덮고 있었다.

- **언치냐: 어제저녁. 어치냑.**
  → 점심시간에 식당에서 동윤은 언치냑 마신 술 생각이 또 났는지 막걸리를 주문했다.

- **우영팟: 텃밭. 집터에 있거나 울타리에 붙어서 가까이 있는 밭.**
  → 어머니는 우영팟에 여러 송키푸성귀를 심었다.

- **예점: 보통으로. 여점.**
  → 인수는 공부를 잘해서 시험에서 100점을 맞는 것이 예점이었다.

- **웨방: 외방. 섬에서 멀리 떨어진 지역. 외지.**
  → 웨방에서 온 사람들이 꽤 많아지면서 제주도 인구가 계속 느는 중이다.

- **일홈: 이름. '일름'이라고도 한다.**
  → 재엽, 윤실, 지선……. 초등학교 동창의 일홈을 다시 부르니 그때의 추억이 되살아났다.

- **저슬: 겨울.**
  → 저슬 들면 추워서 옷깃을 여미게 되네.

- **조촘앉다: 조침앉다. 엉덩이를 들고 두 다리를 구부려 세워서 발로 디디어 앉다.**
  → 소분(벌초)을 하던 당숙은 조촘앉아 담배를 피웠다.

- **종그다: 쫓아가다.**
  → 우리 함께 종그던 그 무지개가 저 건물 위에 다시 떠올랐다.

- **죽어지는 세: 연세(年貰). 사글세.**
  → 서귀포 바닷가 마을에서 죽어지는 세로 집 하나 구해 한 해 살았다.

- **존셈: 자잘한 정.**
  → 고모는 존셈이 많아서 남는 게 있으면 주위에 나눠 주곤 했다.

- **재열: 매미.**
  → 땡볕이 한창일 때 재열이 울기 시작하면 한낮의 열기가 더 오른다.

- **질**: 길.
  → 그 질에 들어서면 귤꽃 향기가 날 것만 같다.

- **천지만지**: 흔하게 널려 있을 정도로 아주 많다.
  → 매립을 하기 전에 탑동 바닷가에는 몽돌이 천지만지였지.

- **천리**: 이장. 묫자리를 한 곳에서 다른 곳으로 옮기는 일.
  → 할아버지 산소를 천리했다.

- **청**: 꿀.
  → 청벌들이 부지런히 청을 모은다.

- **치메깍**: 치맛자락.
  → 파도가 엄마의 푸른 한복 치메깍처럼 흔들린다.

- **칭원ᄒ다**: 억울하고 서럽다.
  → 칭원ᄒ 사람들의 말을 들어 보면 다 기억해야 할 소중한 이야기이다.

- **켄**: ~겠다고.
  → 임정은 웬일인지 이번 시험은 잘 보겠다고 준비를 잘 ᄒ켄 말하더라.

- 쿰다: 품다. 품속에 넣거나 가슴에 대어 안다.
  → 오래된 이야기일수록 잘 쿰고 있으면 삶의 자양분이 될 수 있다.

- 콜콜ᄒ다: 깨끗하다.
  → 콜콜혼 찻집에 앉아 책을 읽으면 집중이 더 잘 된다.

- 툴ᄒ다: 세련되지 못하고 거칠거나 투박하다. 성미가 다른 사람들과 잘 어울리지 않고 고분고분하지 못하다.
  → 광석은 호끔조금 툴ᄒ여도 착한 사람이다.

- 튼나다: 생각이 나다.
  → 오늘 저녁에 콘서트가 있다는 게 뒤늦게 튼나 서둘러 서귀포예술의전당으로 갔다.

- 팡돌: 사람이 앉거나 물건을 올려놓기 알맞게 넓적한 돌.
  → 상가리 그 마을 폭낭 아래에는 팡돌이 있어서 쉼팡쉬는 공간으로 쓸 수 있다.

- 헤치: 십이 간지 띠.
  → 나는 호랑이 헤치이고, 아내는 양 헤치인데, 호랑이가 양에게 늘 진다.

- 후민: **하면.**
  → 클로버꽃으로 풀 반지를 만들어 준다고 후민 내가 너랑 사귈 수 있지.

제주어 마음사전2

2025년 10월 9일 1판 1쇄 펴냄

지은이	현택훈
펴낸이	김성규
편집	조혜주 최주연 권은하
디자인	신혜연
그림	박들
교열	김지희
펴낸곳	걷는사람
주소	경기도 용인시 기흥구 동백중앙로 358-6, 7층 (본사)
	서울 마포구 월드컵로16길 51 서교자이빌 304호 (지사)
전화	031 281 2602/02 323 2602
팩스	02 323 2603
등록	2016년 11월 18일 제25100-2016-000083호
ISBN	979-11-7501-015-4
	979-11-89128-13-5 [04800] 세트

* 이 책은 제주특별자치도와 제주문화예술재단의 2025년 제주문화예술재단 지원사업 후원을 받아 발간되었습니다.
* 이 책 내용의 전부 또는 일부를 재사용하려면 반드시 지은이와 출판사의 동의를 얻어야 합니다.
* 잘못된 책은 교환해 드립니다.